チベット寺院・建築巡礼

はじめに

西蔵は古来世界の謎の国とも云われ、秘密国とも称せられ、その国情の真相は多く世に知られなかったのであるが、今や諸国の探検家や各方面の学者の研究によって、その秘庫は漸《ようや》く発《ひら》かれつゝある。

西蔵固有の建築は、その四隣の諸邦の建築とは全く異なりたる特殊のものである。普通の重要建築はいずれも甎《せん》又は石をもって外壁を築き、その輪郭はあたかも現代の能率及び構造を本位とせるビルヂングの如く、直線を以って限られたる立方体で屋根も水平であり、壁面に単純なる直角形の窓と入口を穿《うが》つのである。

（読みやすいよう原文の漢字を常用漢字やひらがなに変えた）

これはわが国最初の建築史家として知られる伊東忠太が昭和元年（一九二六）に発表した論文「東洋建築史概説」に収録されている文章の一部である。伊東忠太は明治三五年（一九〇二）から三年間、中国、インド、トルコへの、この当時としては驚異的とも思われる広範囲な調査旅行を行っている。しかし、チベットには入っていない。当時としては行く術も無かったに違いない。

ちなみに、この頃（一九二六年）までにチベットに入った日本人は、一八九九年、東チベットのパタン（巴塘）まで入った寺本婉雅《えんが》と能海寛《のうみゆたか》。寺本婉雅は、その後（一九〇五年）ラサに入っている。一九〇一年に最初にチベット・ラサに入った河

伊東忠太：（1867〜1954）築地本願寺などを設計。1943年文化勲章。

河口慧海：（1866〜1945）黄檗宗の僧侶。明治34年、日本人として最初にラサに入る。帰国後『西蔵旅行記』出版。1914年、再度チベットに入っている。

口慧海。外務省の秘密任務を帯びて慧海の八ヶ月後、ラサに入った成田安輝。ラサには二度入り、二度目はその後六年間も軍事顧問をしていた矢島保次郎。ラサで仏教研究に従事した青木文教。それにダライ・ラマ十三世の信任を得てセラ寺でチベット仏典やチベット語の研究をした多田等観の七名だけである。

ところで伊東忠太が言った「その秘庫は漸く発かれつゝある」が現実のものとなるには、なお五〇年余りの歳月が必要であった。ラサが一般に開放されるようになったのは一九八〇年代に入ってからである。当時はまだチベットを代表する建築物・ポタラ宮の写真さえ珍しく、チベット建築に関する資料は中国でもほとんど無かった。それから一〇余年、一九九四年に『西蔵布達拉宮修繕工程報告』(文物出版社)が出版された。これはポタラ宮の大修繕工事に基づいた報告書であるが、これにはポタラ宮の詳細な図面が載ってる。それまでは簡単な図面しか発表されていなかったので画期的なことであった。その後、ポタラ宮に関する文献は相次いで出版されている。『西蔵布達拉宮(上・下)』(文物出版社、一九九六)、『布達拉宮』(中国建築工業出版社、一九九九)などである。これらは、まだ一〇余年の間のことである。今ではポタラ宮に限らず、チベット建築に関する文献も多くなった。それにほとんどの地域にも行けるようになった。ようやく伊東忠太の言葉の先に来たと言えるだろう。

しかし、チベットは広く、まだまだ未知なる部分を秘めている。このささやかな一書によってチベットの建築・文化の魅力の一端を紹介することができ、いろいろな点で危機に瀕していると言われているチベット文化に少しでも関心が高まれば、幸いである。

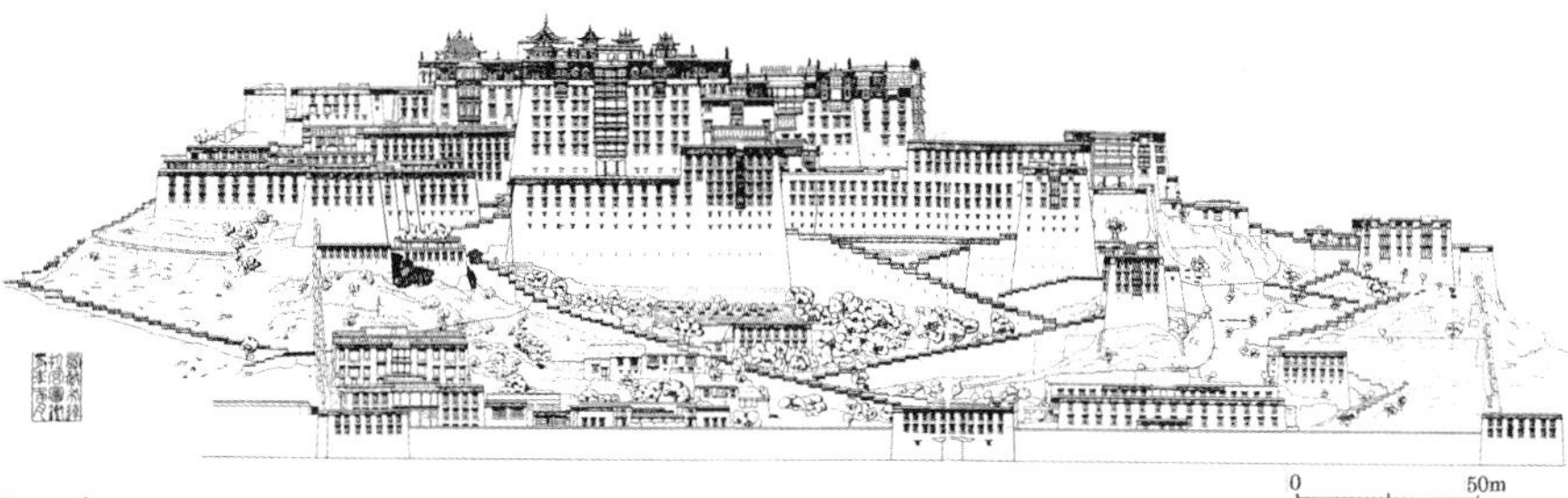

図1　ポタラ宮立面図(『西蔵布達拉宮修繕工程報告』)

目次

チベット圏地図
甘粛省
西寧
蘭州
青海湖
ゴルムド
同仁
マトゥ
アムド
青海省
四川省
ジェクンド
ギャロン
アムド
デルゲ
成都
カンセ
丹巴
ナクチュ
チャムド
リタン
康定
カム
ラサ
ヤルツァンポ河
ツェタン
ギャンツェ
シャングリラ
(中甸)
麗江
パロ
アッサム
ブータン
昆明
雲南省
ミャンマー
0
200
500km
※青字の地名は寺院等収録地域

カシュガル
タジキスタン
タクラマカン砂漠
新疆ウイグル自治区
パキスタン
ラダック
レー
スピティ
ザンスカール
ラホール
ダラムサラ
マナリ
シムラ
アリ
ンガリ
チャンタン高原
チベット自治
ツァンダ
カイラス山
ウ・ツァ
インド
デリー
ネパール
ドルポ
ムスタン
ポカラ
クンブ
カトマンズ
カルカッタ
モンゴル
内モンゴル自治区
フフホト
承徳
北京
中華人民共和国
ラサ

シェー・ゴンパへの峠（ドルポ）

チベット寺院・建築巡礼

チベット文化圏

チベットという国は今日では存在しない。現在の世界地図ではチベットの名称は中国の一自治区、チベット自治区として出ているだけである。しかし、チベット文化はアジアにおいて中国文化、ヒンドゥー文化、イスラム文化とともに大きな影響力を持ってきた。

元々のチベットは現在のチベット自治区だけでなく、もっと広い範囲であった。チベット語では「チョル・カ・スム（三地区）」と古くから呼ばれており、これが「チベットの伝統的な三つの地方」を表わしている。現在のチベット自治区を含んだ中央・西チベットのウ・ツァン地方、それに東南部のカム地方、もう一つは北東部のアムド地方である。カム地方の西半分ぐらいはチベット自治区に入っているので、現在のチベット自治区は伝統的な三つの地区の半分にすぎない。

ウ・ツァン地方はさらに三つの地区、西チベットのンガリ地方、中央チベットのウ（衛）地方と、その南西部ツァン（蔵）地方に分けられる。それらに東チベットのカムとアムドを含めると五地方となる。なおウには「中央」の意味がある。カム地方の東は四川省、さらに雲南省の一部にも及んでいる。アムドは青海省、四川省、それに甘粛省の一部の地域を含んでいる。

チベット人は、昔から宗教はウ・ツァンの地から、男はカムの地から、馬はアム

チョル・カ・スム：(chol kha gsum) チョル・カは「地方」、スムは「三」

ドの地からのものが優れていると言っていた。ただ、ウ・ツァンでは、ヤルツァンポ河とその支流流域では文化も進み農耕に適した土地もあるが、全体的には定住する人家もまばらな土地が広がっている。アムドも青海湖より東の地域を除いては、雨量も少なく農耕には適さず、遊牧の世界である。カム地方は高度も比較的低く、雨量もウ・ツァン地方などより多い。したがって緑にも恵まれ、地味も豊かで、チベットの人口もこの地域に多く集中している。

チベット文化は中国領のチベットだけでなく、その周辺国にも拡がっている。西では北西インドのラダック、ザンスカール、ラホール、スピティ地区。ネパールでは、ヒマラヤ北部のムスタン、ドルポ、それにクンブ地区など。さらに東に移るとインド領のシッキム、アッサム北部、ブータンもチベット文化圏である。なお、現在ではブータンはチベット文化を持つ唯一の独立国である。北では内モンゴル、モンゴル、さらにロシアのブリヤート地区にまで及んでいる。また、元朝の成立とともに中国に伝わったチベット仏教は元・明・清三代にわたって中国でも手厚く保護された。北京の北、河北省承徳《しょうとく》などにもその跡を残している。

「チベット圏地図」の色が濃い部分は海抜三〇〇〇m以上を表している。チベット文化圏がほとんどこの範囲に含まれている。チベット文化は高地の文化と言えるだろう。チベット族と漢族が混在している地域に行くと、山の上に住んでいるのはチベット族で平地の川沿いに住んでいるのが漢族であることが多い。普段の生活では高いところに住むのは大変だと思うのだが、そこに住んでしまえば苦にはならないのだろう。

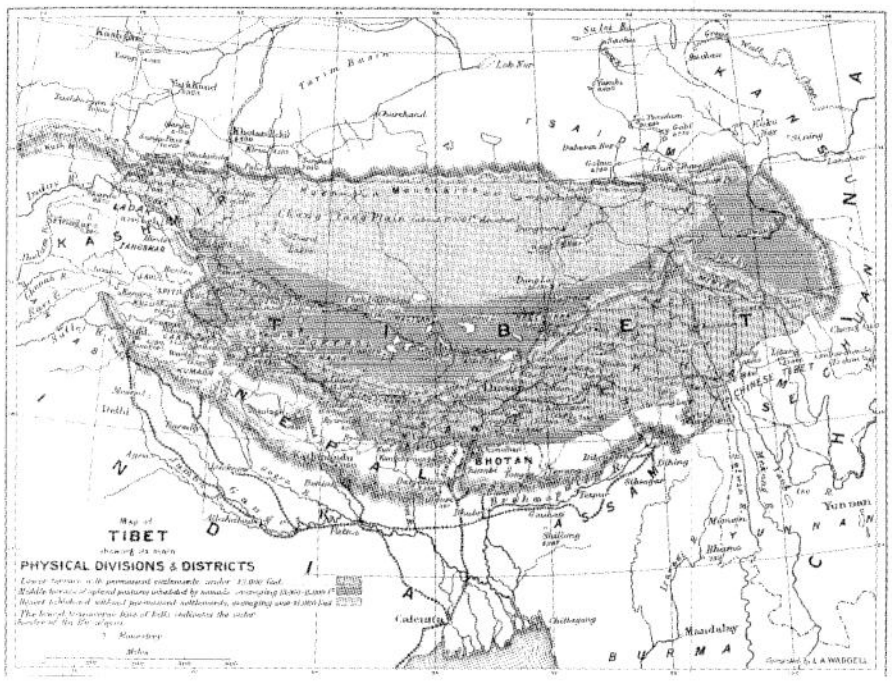

図2　100年前のチベット（Waddell"Lhasa and its Mysteries"より）

チベット人と宗教・チベット語

チベット人は一つの種族から成り立っているのではない。形質的には複合しており、それをチベット人として結びつけているのは、チベット語とチベット仏教、またはボン教（ポン教）の故であると言われる。ボン教はチベット在来の宗教とよく言われるが、ボン教自体の伝承によれば、西チベット、シャンシャン地方からの伝来宗教である。いずれにしても、シャーマニズム的自然崇拝を基とし、様々な種類の神霊を降ろして神意を聞くという類の民族宗教である。仏教伝来以降は仏教の教義・儀礼を大幅に採り入れて今日に至っている。

チベット仏教は、以前はラマ教と呼ばれていたが、これは師（ラマ）に絶対帰依をすることから来ている。ただ、蔑称的な使われ方があったとして今は使われない。

チベットに仏教が伝えられたのは、七世紀の前半ソンツェン・ガンポ王の時であるが、正式に導入され、本格的に伝わったのは八世紀の後半、ティソン・デツェン王の時からである。

ティソン・デツェン王は当時のインドの仏教大学ナーランダー僧院から学僧を招いている。そしてまた、仏典のサンスクリット語からチベット語への翻訳も盛んに行われるようになった。当時のインドでは仏教はもう衰退期であり、最後の仏教がチベットに伝わったことになる。チベット仏教は日本などと同じ大乗仏教であ

ソンツェン・ガンポ：（561?〜649）595年頃即位し、吐蕃王国を建国。官位十二階などの制度を制定。

ティソン・デツェン：（742〜797）この王の時、吐蕃王国は最盛期。吐蕃軍は唐の都長安も一時占拠。一方、仏教を本格的に導入。

る。その中の中国・日本に伝わった密教は、七世紀以前の密教（初期・中期密教）であるのに対し、チベットに伝わったのは八世紀後半の後期密教である。後期密教は、性的ヨーガを解脱《げだつ》のための修業方法として採り入れた密教として知られる。チベット仏教については後に建築の説明の中でも折々述べることにする。

チベットでは宗教が深く文化、生活にも結びついており、建築もその例外ではない。チベット建築の主要なものは寺院であり、後で述べるポタラ宮なども政教一致の建築物である。

さて、もう一つのチベット文化圏を結びつけるものは、チベット語（チベット文字）である。チベット語は地方によっての方言差は大きいと言われが、チベット文字そのものは同じである。チベット文字はソンツェン・ガンポ王が七世紀の初め、時の大臣トンミ・サムポータをインドに派遣してインド系の文字を基に作らせたというが、確かなことは分かっていない。チベット語は基本的には一つの音節で、一つの意味を持つ表音文字である。そして意味を持つ音節を組み合わせることにより多くの語彙を作っている。本書でも建築関連のチベット語彙が出てくるが語彙の意味を知るのも、建築そのものを理解する助けになる。

チベット語で「建物」はカンパ(khang pa)である。このカン(khang)は建物に関する多くの語彙を作っている。「寺院」はラカン、「経堂（集会堂）」はドゥカン、また「商店」はツォンカン、「茶店」はチャカンである。「犬小屋」もキィカンである。チベット人はこれらのものを同じと考えているわけではないだろうが、チベット人の「建物」に対する思考の一面を見ることができる。

写真1　ソンツェン・ガンポ

ラカン：lha khang、ラ(lha)は「神」
ドゥカン：'du khang、ドゥ('du)は「集まる」
ツォンカン：tshong khang、ツォン(tshong)は「商売」
チャカン：ja khang、チャ(ja)は「茶」
キィカン：khyi khang、キィ(khyi)は「犬」

中央チベットの建築

ウ地方

ポタラ宮／ポタラ宮はダライラマ五世の死を隠して、摂政サンギェ・ギャンツォにより1695年に完成した（1983年撮影）。

キチュ河対岸よりポタラ宮を見る。

早朝のポタラ宮／現在もチョルテンが再建されているが、
かつてはここにラサへの西の門（チョルテン）があった。

ポタラ宮白宮は、ダライ・ラマの居室や大広間、政権の
機能を担う部分がある。

上：ポタラ宮紅宮廊下／天井の鮮やかな青色に塗られているのは梁に架かる垂木である。
下右：ポタラ宮白宮の門廊／四本の柱と八本の梁による四柱八梁の形式である。
下左：紅宮西大殿の柱頭・肘木／精緻な彫刻が施されている。

上：チョカン寺正面／ソンツェン・ガンポ王の菩提を弔うために建てられたチョカン寺(大昭寺)はチベット人にとっては憧れの場所である。
左：チョカン寺前広場の巡礼者／冬季なのでチョカン寺前の人々はほとんどがチベット人である。

右：セラ寺大経堂の内部／102本の柱が林立している。
上：ラサの北３kmほどのところにあるセラ寺／1416年ツォンカパの高弟によって創建されたゲルク派の大僧院。

下：パポンカ寺／セラ寺の西北にある。大きな岩は洞窟になっていてソンツェン・ガンポ王も瞑想したとされている。
左：ガンデン寺を見る／ガンデン寺はゲルク派の総本山。開祖ツォンカパ自身により1409年に開かれた。

デプン寺／ラサの郊外にある。1416年に創建された
ゲルク派の大僧院。チベット最大の学問寺である。

デプン寺のショトゥン祭／ヨーグルト祭とも言われ、
チベット暦７月に行われる。

ユンブ・ラカン／ヤルルンの地に建つユンブ・ラカンは
チベット最初の城塞と言われている。

冬のサムイェー寺／ティソン・デツェン王が８世紀後半（779年）に建立したとされる、チベット最初の僧院。

上：ミンドゥリン寺／山南地区扎嚢県にある。ニンマ派の総本山。
下：ゴンカル・チューデ／山南地区ゴンカルにある。サキャ・ゴンカル派の寺院。

左：ナムセリン（朗色林）荘園／山南地区ツェタンにある。現存する建物も300年以上の歴史をもつとされている。主楼は７階建。

ツルプ寺／ラサの西、カルマ・カギュ派の総本山。ここのカルマパ17世はインドに亡命したが、この時（1999年）にはまだ亡命していなかった。

カツェル・ゴンパ／ラサの東、墨竹工卡(メルドグンカル)にある。
ソンツェン・ガンポ王が建てたされる魔女鎮圧寺院の一つ。

上：サムディン・ゴンパ／ヤムドク湖畔にあるこのゴンパは尼寺である。立地はラダックのゴンパを思わせる。
左：サキャ寺／ツァン地方にあるサキャ派の総本山。一辺約210mの正方形の城壁で囲まれているのが特徴。

上：パンコル・チューデ（白居寺）／ギャンツェにある。大塔（クンブン）は高さ約40m。
左：タシルンポ寺／シガツェにある。パンチェン・ラマが座主を務める。大弥勒殿にある弥勒仏(26.7m)は世界最大。

東チベットの建築

アムド地方

タール寺大金瓦殿／タール寺（塔爾寺）はゲルク派の開祖ツォンカパの生誕の地に建てられtた。西寧の南西約28kmにある。1577年に完成、ゲルク派六大寺の一つ。

タール寺の屋根／建物の様式は蔵漢折衷様式。屋根は陸屋根もあるが歇山式（入母屋）が多い。

善逝（ぜんぜい）八塔／タール寺前広場にある。善逝とは「悟りに達した人」のような意味。

上：ロンウォ寺門廊／アムド地方レゴン（同仁）にある。チベット様式と中国様式の柱、肘木が使われている。
下：ラブラン寺弥勒殿／ラブラン寺（拉卜楞寺）はタール寺と並ぶアムド地方でのゲルク派の大僧院。

ラブラン寺大経堂／大経堂は1985年に火災で焼失したが、その後再建された。

ソンツェリン寺（松賛林寺）／シャングリラ（香格里拉）にある雲南省最大のゲルク派の寺院。1679年ダライ・ラマ５世が創建。

カム東部地方

上：甘孜寺より甘孜の街を見る。
下：ラガン・ゴンパ（塔公寺）／塔公の街の北はずれにある。サキャ派の寺院。

右：徳格印経院（デルゲ・パルカン）／徳格印経院はチベットにおける三大印経院の第一の座を占めている。27万余の印版がある。
左上：ジェグ・ゴンパ（結古寺）／玉樹の街の北、山の上にある。現在はサキャ派の寺院。
左下：文成公主廟／玉樹にある。文成公主が吐蕃に嫁ぐ時、ここで崖に仏像を刻んだと言われている。

セルシュ・ゴンパ

チベット建築紀行 2000年8月

カムからアムドへ 3000kmの旅

八月一〇日（二〇〇〇年）朝、昆明からの飛行機は麗江（雲南省）に着いた。これから西寧（青海省）までの旅の始まりである。今回のコースは麗江から北上して中甸《ギェルタン》、郷城を通りリタン（理塘）へ、理塘からは、川蔵南路を戻る形で康定へ、康定からは川蔵北路をタウ（道孚）、カンゼ（甘孜）、デルゲ（徳格）まで行く。徳格からは少し戻って川蔵北路を離れ北へ、セルシュ（石渠）、ジェクンド（玉樹）、マトゥ（瑪多）を通り、西寧へと、三〇〇〇kmに及ぶ旅である。地域的には東チベットのカム東部（四川省）とその北、アムド西部（青海省）である。

今回の同行者はHYさんと、HAさん。HAさんは二〇代の女性でチベットは初めてである。初めてでこのコースを走破すると聞いて、ガイドさんも驚いていた。

麗江は、今や一大観光地である。中国人観光客も多い。さすがに世界遺産に指定されているだけあって、街を水路が流れ、美しい。水は街の外れにある玉泉公園から流れてきている。玉泉公園の水源は湧き水で、水底の魚までよく見えている。水が魅力の麗江、このまま清い水を流し続けてもらいたいものである。

麗江を発ち中甸に向かうと、家の造りもチベット様式の影響が見られるようになる。窓廻りはチベット式、両側に厚い壁があり、切妻屋根が架かっている。屋根裏部分は壁がなく外気は通る。桁行は五間、それにしても太い柱である、直径四〇cmはあるだろうか。寺院でなく普通の民家でこのような

中甸（ギェルタン）：二〇〇二年に香格里拉（シャングリラ）と改名

柱を使っているのだから、雲南は木材が豊富なのだろう。中甸には雲南最大のゲルク派のチベット仏教寺院、ソンツェリン（松賛林寺）、またの名称、帰化寺がある。チベット語でリン（gling）は、ゴンパと同じように「寺院」のこと。ソンツェリンは一六七九年にダライ・ラマ五世が創建したもので、八つのカムツェン（康村）を持ち、写真左下はその一つ郷城カムツェンである（カムツェンは同じ郷里出身の僧で一つの僧団を構成する）。小高い山の斜面に僧坊に囲まれて建つ寺院は実に雄大である。この時は、ツォンカパ殿を再建中であった。しかし、ここの寺院、各殿の正面をガラスの入ったサッシュで覆っている。いくら機能的と言ってもこれは頂けない。

　八月一三日、中甸を発つ。いよいよ今日から車も四輪駆動の三菱パジェロに乗り代わり、西寧までこの車である。ガイドは石《シー》さん、ドライバーはチベット族の陳さん。石さんはこの地方をガイドできる数少ない日本語ガイドであり、物事を臨機応変に処理してくれる優秀なガイドであった。

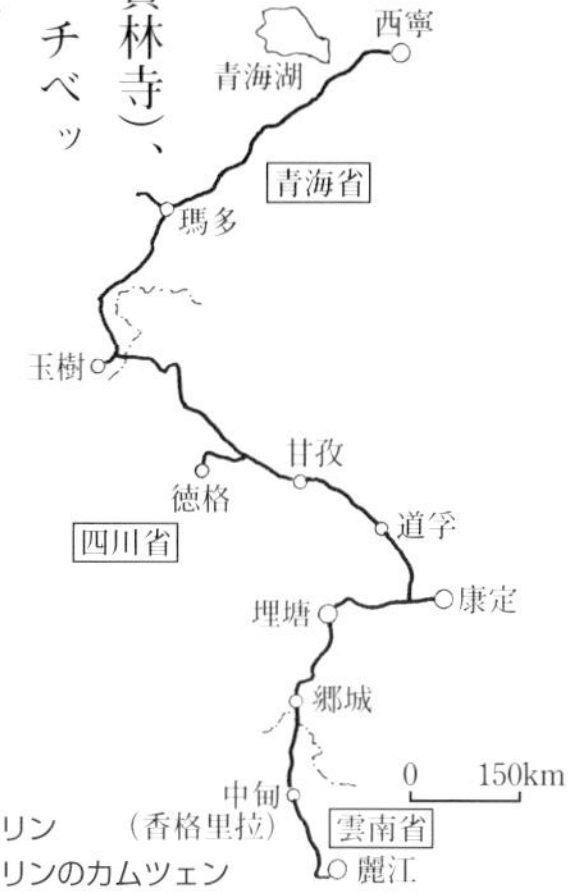

右：ソンツェリン
左：ソンツェリンのカムツェン

　樹林の間、車は小さな流れのある谷間の道をひた走る。雲南の山並み、四〇〇〇m級の峠を幾つか越える。雲南から峠（大雪山口）を超えて四川省に入り、建物もチベット式の平屋根になる。やがて郷城へ、郷城の街は思ったよりも大きい。今日の泊まりのホテルの窓からはチベット式の民家も見える。郷城の民家は大きくて立派である。

　郷城ではゴンパが再建中であった。街を見下ろすところにある桑披林寺《サンピリン》、予想以上の規模の寺院である。五年前から建設中であと三年かかると言っていた。建設資金は地元民の献金によっており、今は資金がないので中断しているとのこと。建設途中の寺院を自由に見られるのは興味深い。造りは日本建築などから見れば粗いところも目に付くのだが、日本ではせいぜい一つのお堂の再建というのが普通であるが、ここでは伽藍全部である。そしてこれはこの寺院だけのことではない。今回の旅行でも多くの寺院を見たが、その多くはこの二〇年間程の間に再建されたものである。この再建へのエネルギーは、チベットにおいて宗教、チベット仏教に対する信仰が決して失われていない現われであろう。

ところで、この季節、雲南、四川は松茸の季節である。郷城に下る山中で車道の傍に幾張りかのテントを見かけ、聞けば松茸の集積場とのこと。地元民が山で採ってきた松茸をここで集めて街の市場に持って行くのである。さっそく車を止めて、テントに入って行って松茸を買うことにした。地元民はあまり食べないようなので、我々で鉄鍋を借りてその場で調理し（ただ切っただけだが）、持参の醤油をかけて、焼き松茸を味わった。値段は六〇元（約九〇〇円）、三人で食べるのに十分な量だった。なお、郷城に着いてから、街の広場にある松茸市場にも行った。そこにあったのは全部松茸、居るだけで松茸の香りが一杯である。これらの多くは日本に輸出されているのだろうと思うと感慨深い。松茸成金もいることだろう。

ゴンパ：dgon pa（寺院）、「ゴンパ」には「静かなところ、人里離れた」の意味がある。

右：郷城の石碉（この碉楼は土である）
左：理塘寺

郷城を出るところで石碉《せきちょう》建築を見た。石碉とはこの地方独特の防御を兼ねた塔状の建物である。実は今回の旅では、このような建物の写真を撮りたいと思っていたのだが、目にしたのはこの時だけ。ガイドさんに聞いたら、今回のルートからは少し外れている、この後行く康定の北の丹巴あたりでは多く見られるとのことであった。

郷城から理塘への道も変化があって車窓からの眺めは飽きない。谷間の道を通り、峠を越えると大きな石がゴロゴロしているところを通る。地質学的に貴重なところとのことである。やがて牧草地が広がり、遊牧民も多く見られた。途中の稲城地区に入ると建物は石造りとなる。ここ稲城はシャングリラ（桃源郷）と呼ばれているように風光明媚なところが多いとは、ガイドさんの話しである。

リタン（理塘）は海抜四〇〇〇m、理塘の山手、旧市街に続くところにリタン・ゴンパ（理塘寺）がある。ダライ・ラマ三世により一五八〇年に創建された、四川では最大のゲルク派の寺院である。しかし、訪れた時は天気も悪かったせいか少し寒々とした感じ、ここも再建されたものである。

埋塘から真直ぐ新龍を通って甘孜《カンゼ》に行けるが、今回はチベット文化圏の東の玄関口、康定（旧チベット名ダルツェンド）に寄ってから川蔵北路を東へ、甘孜に行くことにした。

今からおよそ一〇〇年前、康定からラサを目指した日本人がいた。それは能海《のうみ》寛《ゆたか》と寺本婉雅《えんが》、二人は埋塘を通り巴塘《バタン》まで行くが金沙江（長江の上流）を超えることができなかった。その後、寺本婉雅はラサに入っている。しかし、能海寛は次に北の西寧からラサに向かうが果たせず、そして三度目、雲南の中甸《ギェルタン》を通ってラサに向かったが、今度はついに戻ってくることはなかった。今回の旅は期しくも能海寛がラサに向かおうとした三ヶ所を通ることになる。

康定への途中、雅江《ニャクチュカ》、この辺りの建物は窓の廻りを白く塗っている。チベット建築では窓廻りは一般的には黒く塗る（「窓と窓廻り」参照）。このあたりの建物は石積であり特にその表面は何も塗っていない、壁面は黒くなっている。従って黒く塗ったのでは目立たないので逆に白くしているのだろう。

右：康定の街
左：新都橋の民宿

康定（海抜二五〇〇m）は、今は漢族の街であり、チベット式の建物は見られない。康定の街で最も印象深いことは、街の中心を流れている濁流の川である。人が落ちたら流されてしまうだろう。しかし、夏の日の夜、川辺で多くの人が夕涼み？をしていた。

甘孜《カンゼ》蔵族自治州は今年（二〇〇〇年）で建国五〇年、八月一八日から祭典は始まるとの事。着いたのは二日前であったが、祭典の横断幕が街のあちらこちらで見られた。康定では街の南の外れにある南無寺、金剛寺を見学したが、その他にはそれほど見るものは無いようで、一泊する予定のところ一泊にして先に進むことにする。実は前日に康定から七〇kmほど離れた新都橋にチベット人の民宿を予約しておいた。民宿の一階は家畜小屋と物置、二階は台所と居間、三階が寝室とテラスである。便所は三〇mぐらい離れたところにある。そして泊まった家には入母屋屋根が架かっていた（隣にある兄の家は平屋根）。聞けば最近このような屋根を付けるようになったとのこと。建設の時には費用がかかるが、メンテナンスはいらない。チベット式の平屋根は雨の少ない地域のものだから、雨量のかなりあるこの地域では瓦屋根の建物も仕方のないことかも知れない。ここからはミニヤ・コンカも近い。今の季節見えることは期待していなかったが、夕食をしていると宿の主人が、山が見えていると。急いでカメラを持って屋上に上がった。山の間から白いミニヤ・コンカがよく見えていた。この季節では珍しいとのことであった。夕食の後は宿の主人と雑談、その中で鳥葬の話しが出た。この地域では今も鳥葬は一般的とのこと。死後三日後にする、夜中に遺体を運ぶとのことであった。話も一段落したら、映画を見ようとVCD（DVDではない）を出してきた。宿の家族も全員集まってくる。その映画は金城武主演・山本未来の『不夜城』、新宿のセンター街などが舞台であった。鳥葬と最近の日本

右：ミニヤ・コンカ見る
左：塔公寺

映画、そしてそれを再生しているのは最新の装置、チベット文化圏のほとんど東の端、ここでこのような組み合わせを経験するとは思わなかった。

甘孜《カンゼ》蔵族自治州の祭典は新都橋から三〇㎞ぐらい先のラガン（塔公）の草原で行われる。祭典は明日からだがテント村ができている。そこは各県（各地域）などが一つのテント村を作っている一大テント城（街）である。この中の甘孜蔵族自治州のテント村におよそ七〇〇年前に作られたというテント[写真P127]があった。ダライ・ラマ五世も泊まっている。二組あったが、一つは文革の時に壊されたという。現在は甘孜の寺院で保管しているとのことである。

塔公は康定からおよそ一一〇㎞のところにある小さな街である。街の北外れ、道路に面してサキャ派の寺院、ラガン・ゴンパ（塔公寺）がある。ここは本堂（経堂）より、その隣のチョカン堂の方が重要である。チョカン堂はその名の通り釈迦牟尼像が奉られていて再建されたものではない。建築的

に見ると塔公寺には興味深い面がある。それはこれから先のカム地方の建物に言えることであるが、壁面の一部が木の壁、校倉造り（校倉壁）としている。チベット建築と言えば、壁は土（版築）、日干しレンガ、石積と言われるがカム地方ではそうではない。やはり木が手に入れ易いからだろう。それに窓に引違窓を使っている。これもチベットの他のところでは見られないカム地方の建築の特徴である。また窓の格子の装飾も細かく繊細である。

タウ（道孚）、タンゴ（炉霍）を通ってカンゼ（甘孜）へ。道孚、炉霍ではネツォ・ゴンパ（霊雀寺）、ホタゴ・ゴンパ（寿霊寺）を見る。ホタゴ・ゴンパは四〇〇年ほど前に創建されたゲルク派の寺院である。このゴンパからは炉霍の街がよく見えるが、もともとのゴンパは眼下に見える川の向こうにあったとのことである。一九八二年に現在の位置に再建された、現在も再建は行われている。甘孜はチベット語で dkar mdzes である。その意味は「白く美しい」を表わしている。実際

右：ホタゴ・ゴンパ
左：甘孜の街

に甘孜は南に五〇〇〇mを超える連山（最高峰五六八八m）を望む美しい街である。街の南は長江四大支流の一つ雅礱江《ニャクチュ》がゆったりと流れている。甘孜にはその名のカンゼ・ゴンパ（甘孜寺）が街の北側にあり、僧坊は山の斜面に広がっている。寺院からは街が一望でき、遠くには白い雪山。太陽の下、建物の屋上のあちこちで、若い僧侶のお経を読んでいる姿が見られた。甘孜にはこの他にペェリ・ゴンパ（白利寺）、タルギェ・ゴンパ（大金寺）などがある。ペェリ・ゴンパは雅礱江の北岸の小高いところにあり、対岸の岡の上にグル・ゴンパ（古魯寺）が見える。なお、ペェリ・ゴンパは三〇〇年程まえに創建されたもので文革でも壊されていないとのことである。タルギェ・ゴンパはペェリ・ゴンパからさらに川蔵公路を一五㎞程行ったところである。

甘孜からデルゲ（徳格）へは青海省・玉樹《ジェクンド》方面への分岐点、馬尼干戈《マニカンゴ》を過ぎるとやがてスイスを思わせるような美しいところに出る。道路に沿って流れる川、水の色の異

なった二筋の川が合流している。そしてその奥にエメラルドグリーンの氷河湖が見える。ここは新路海、チベット名yid lhung lha mtshoと言われているところである。その意味は「心が落ちる神湖」である。湖の向こうには氷河をいだいた雀児山《ツォラ》（六一六八m）が見える。湖畔にはタルチョ、絵になるような景観である。新路海を過ぎると川蔵北路でも難所の一つ雀児山口（峠）である。谷間の道、そしてS字のカーブを幾度ともなく車は登っていく。四九一〇mの峠、霧の晴れ間にいま来た道が眼下に見えていた。この峠を下ると徳格である。

徳格は谷間の街であまり大きくはない。中心街は二〇分もあれば一周できる。しかし徳格はカム地方の文化の中心である。それはデルゲ・パルカン（徳格印経院）があるからである。徳格印経院は単体の建物で、建築面積一六三二㎡でそれほど大きな建物ではない。元々は近くにあるデルゲ・ゴンチェン（徳格更慶寺）の施設の一部であった。徳格印経院は十二代六世デルゲ王・テンパ・ツェリ

右：新路海
左：デルゲ・パルカン

ンが一七二九年に建設を始めている。

徳格はチベットにおける三大印経院の第一の座を占めている。あとの二つの印経院とは、ポタラ宮とラブラン寺にある印経院である。ただし、このラブラン寺に関しては、ナルタン版大蔵経で有名なシガツェのナルタン寺としている文献もある。

門を入ると細長い中庭がある。印経院には大経堂などもあるが、ここでは何と言っても印版庫であろう。棚に整然と積まれている版木（印版）には圧倒される。文献では二七万余の印版があると記されている。印版には紅版と黒版があるが、紅版は朱砂を使い《カンギュル》など主要な経典、黒版は墨印刷で《テンギュル》他、一般蔵文典籍の印刷をしている。なお、印版による印刷は三人一組で行い二人が印刷、一人は印版を棚から持って来て、また戻す作業をしている。この印刷は一年中行っているわけではない。気候（寒冷地）の関係で毎年三月一五日から九月二〇日（蔵暦）までである。なお、徳格では全部このタイプの手作業による経

典印刷をしている。二階にある画版による印刷のところでは好きな画版（タンカなど）を指定すると、その画版を棚から出してその場で刷ってくれる。ちなみに布に刷ってもらって一枚四〇元（A2サイズぐらい）である。しかし、徳格では他におみやげ的なものは一切売っていなかった。経典などを売っているところがあると聞いて行ったが、そこはあくまで僧侶が買いにくるところであった。この印経院の傍に先程述べたデルゲ・ゴンチェンがある。こちらは文革ですべて破壊され、再建されたものなのであまり見るべきものはない。ただお坊さんたちは非常に友好的であった。

　印経院の正面前方の小高い山、タルチョのあるところに登ると印経院の全体、及び徳格の街がよく見える。背後の山も迫っているのでそこに建つ民家は階段状になっているのが良く分かる。下の階は版築であるが、上の階は完全な校倉造りの木造である。この校倉造りは印経院の窓廻りの壁面でも見られる。

徳格より

　ところで今回の旅では徳格までしばらくの間、中国人（漢族）のご夫婦と一緒の行動をとっていた。このお二人は海南島から来てラサまで行くという。北京ジープには自家製の炊事道具、石油バーナーを積んでの旅である。ただこの時、川蔵公路は不通になっているとのニュースが入っていた。徳格で別れてラサに向かったが無事に行けただろうか。帰りは空路で帰るので車などは全部処分すると言っていたが。それにしてもこのようなご夫婦を見ていると中国もだいぶ変わってきているのだと思う。〔注：その後の報道によるとこの時の川蔵公路（南路）は、昌都の先、八宿《パシュ》の付近で大規模の山崩れ、八月一四日から三四日間不通。多くの車が進路を絶たれ閉じ込められたとのことであった。〕

　徳格から少し先の龔埡《コンヤ》まで行った。もうここからは西蔵自治区の境となる金沙江まで一三㎞ぐらいである。龔埡には小さなゴンパがあるが、ここもなかなか景色の良いところである。特に幾つかの形の違ったチョルテンが並んでいるのは興味深かった。

徳格からは再度、峠を越えて馬尼干戈《マニカンコ》に戻る。そして、ここからは川蔵北路を離れて北に向かう。五〇㎞程行くとゾクチェン・ゴンパ（竹慶寺）がある。ここはニンマ派の教え「ゾクチェン」を伝える著名な寺院である。寺院の学院は二〇年程前に再建されたものであるが僧坊が中庭を取り囲み、趣きがある。しかし、現在それを取り壊しコンクリートで建て替えている。ここの寺院、あちらこちらにコンクリート造の建物が目立つ。コンクリートの建物だと建設にも専門家が必要になってくる。費用もそれだけかかるのではないだろうか。おそらくここのラマはやり手なのだろう。しかし、チベット建築文化は失われている。

　セルシュ（石渠）に向かうと周りの風景も今迄とは異なりチベット的というのか同じような牧草地が続いている。石渠は寒々とした街。石渠を出ると道は悪くなる。セルシュ・ゴンパを過ぎると本格的なぬかるみに捕まった。トラックが立ち往生、ワイヤーで引っ張ったり、皆で押したり、それでも今回のルートでは悪いところはこの箇所だけであった。

右：文成公主
左：文成公主廟

　峠を越えると青海省、ジェクンド（玉樹）への街道に出ると道はよくなる。玉樹へは川沿いの道、チンコー（青稞）が色づき感じがよい。玉樹は古くからの交易の街で活気がある。玉樹には文成公主廟（大日如来仏堂）がある。文成公主が吐蕃に嫁ぐ時、ここで一ヶ月滞在した。そして、この崖に仏像を刻んだ。現在は清代に造られた仏殿の中に、約三ｍの大日如来を中心とし、その両側に八大菩薩が彫られている。これは見ごたえがある。しかし、仏像は綺麗に塗り替えられているのはちょっと残念である。この仏殿も以前の写真で見ると金頂（ギャピプ）は架かっていない。最近架けたものだろう。これは元々あったのだろうか。それとも歴史的建造物も時代と共に変わっていくということか。

　ジェグ・ゴンパ（結古寺）は玉樹の街の北、山の上にある。古くはボン教の寺院の後にカルマ・カギュ派の小さな寺院の一つとして、そして一三世紀に現在のようなサキャ派の寺院となった。山に登って見ると建物はサキャ派独特の縦縞模様、その景観はすばらしい。ここから玉樹の街もよく見える。

玉樹を離れるとまた、同じようなやせた牧草地。そして、ここ青海省に入ってたまに見る民家は、四川で見た大きな民家と比べると、いかにも貧しく環境の厳しさを感じる。

旅も終わりに近づき、マトゥ（瑪多・海抜四二七〇m）で一泊。瑪多招待所は平屋で長屋のように並んでいる。部屋には裸電球とベットが四つにストーブ、お湯が欲しい時は、井戸から水を汲み沸かす。その燃料はヤクの糞と石炭。便所は当然、離れたところにある。部屋に置いてある布団は埃っぽい。今回の旅で、ここだけは持っていった寝袋を使った。それにしても瑪多は人影も少ない寂しい街である。夏でこれなのだから、冬ではどのようなのだろうか。

しかし、瑪多は黄河源流への入口、予定を変えて黄河源流の一つオリン湖まで行くことにする。途中あまり人影は見られない。ただ水力発電を造っているので新しい電柱が見られる。水力発電のダム工事現場ではかなりの人が働いていた。しかし、それを過ぎると無人地帯、それに道がぬかるんでいて悪い。やっとのことでオリン湖の湖畔のところに着いた。天気が悪かったせいもあるのか、寒く寂寥としていた。この後、この日は共和まで行く予定なので瑪多に戻ることにした。西寧へは八月二六日無事に着くことができた。

ジェグ・ゴンパ

追記1：新都橋でチベット族の経営する民宿に泊まったと記したが、二〇〇四年夏、再びこの民宿に世話になった。家畜小屋や物置になっていた一階はきれいな部屋となり、便所も二階に作られ、遠くまで行かなくてもよくなっていた。ただし、以前のような民宿の人たちとの触れあいは無かった。

追記2：二〇〇四年夏、甘孜のカンゼ・ゴンパも再び訪れたが、この寺院もコンクリート造での建替えが進んでいた。

西チベットの建築

ンガリ地方

ツァンダ（トリン）のチョルテンの長列／西チベット、ンガリ地区のツァンダ、以前はトリン寺があるのでトリンと言っていた。

下：トリン寺ギャセル殿／仏像はなく光背だけが残されている。
左：ギャセル殿／この建物は二重になっていて中央の主殿は須弥山を表している。

上：グゲ王国遺跡の紅殿と大威徳殿／吐蕃王国崩壊後、ヤルルンの子孫は西に逃れ、ンガリやラダックに王国をつくる。その一つがグゲ王国である。
下：地下の宮殿／グゲ王国遺跡には地下の冬の宮殿もあった。
左：グゲ王国遺跡／海抜3600m、高さ170mの丘を利用した壮大な遺跡である(1994年撮影)。

ピャン・トンガ遺跡／グゲ王国遺跡の近くにある（写真はトンガ遺跡）。トンガは一時王宮の所在地であったとも言われている。

ピャン遺跡／遺跡上の寺院には、仏像が破壊され転がっていた。

コジャ・ゴンパ／ネパールとの交易の街であったプラン。そこからさらに国境に近いところにあるサキャ派のゴンパ。

カイラス山

チベット建築紀行 1994年8月

西チベット グゲ王国遺跡

西チベット、グゲ（古格）王国遺跡を訪ねる旅。一九九四年である。

＊

七月三一日　新疆ウイグル自治区カシュガル、中国登山協会の前を発つ。今回は私たちのグループ五名を含め添乗員のTYさんを入れて一一名、S社のツアー「聖地カイラス山巡礼とグゲ王国」に参加である。ランクル四台とトラック一台で新蔵公路を走る。今日の目的地は葉城《ヤアチョン》までである。途中大きな河、タリム河の支流（チャンパ河）を渡る。葉城の手前の橋のところで交通事故があり橋は渡れない。仕方なく迂回して川の中を渡る。これからの旅の前途を暗示していなければよいが。

チベットに大規模石窟遺跡群

仏教壁画 色鮮や

東西交流の貴重な

『朝日新聞』（1994年1月14日付）

八月二日　麻扎《マアチャ》から今日は出発できず。六〇㎞先で道が壊れているとのこと。明日の午後にならないと道は直らないだろうとの情報が入る。見る所もないので、河口慧海の『チベット旅行記』を読む。ここで読むと、河口慧海の困難も身に迫って分かるような気がする。

八月三日　一時間も行くと道路通れず。先行のトラックは川の中に入って行くが動きがとれなくなる。今日はここで野宿かと心配になってくる。午後六時頃（時差があるので、まだ昼間である）、やっとトラクター出動、道を整備し通れるようになる。だが、今度は我々の荷物トラックが水につかってしまう。どうにか道路崩壊現場を脱出したが、道は想像以上に悪い。ひっくり返ったタンクローリーなど事故車もよく見掛ける。ついに夜中の峠（四九〇〇m）越えになり、谷に落ちたら一巻の終わりである。宿営地、三十里営房に着いたのは一二時を過ぎていた。さすがに疲れて、食事もせずに眠ってしまった。

八月五日　大紅柳灘を出る。相変わらず茶色の埃っぽい風景だが、奇台大坂（五〇七〇m）を過ぎるあたりから景色に変化が現れてくる。埃まじりの霞も収まって、山にもわずかだが緑も見えてくる。次の峠の手前で初めて遊牧民のテントを見た。もうチベット自治区に入っている。途中、車窓から遠くに白い線が見える。聞けばこの辺り塩湖なので塩が固まって結晶となっているとのことである。

八月七日　獅泉河鎮、ここはインダス河（獅泉河）が流れているのでこの地名なのだが、噶爾県の県府なのでガル（噶爾）、またアリ阿里地方の首府なのでアリ（阿里）とも呼ばれている。ここで車はチベット自治区の車に乗り換える。新疆のドライバーさんたちは二日間でカシュガルに戻るそうである。

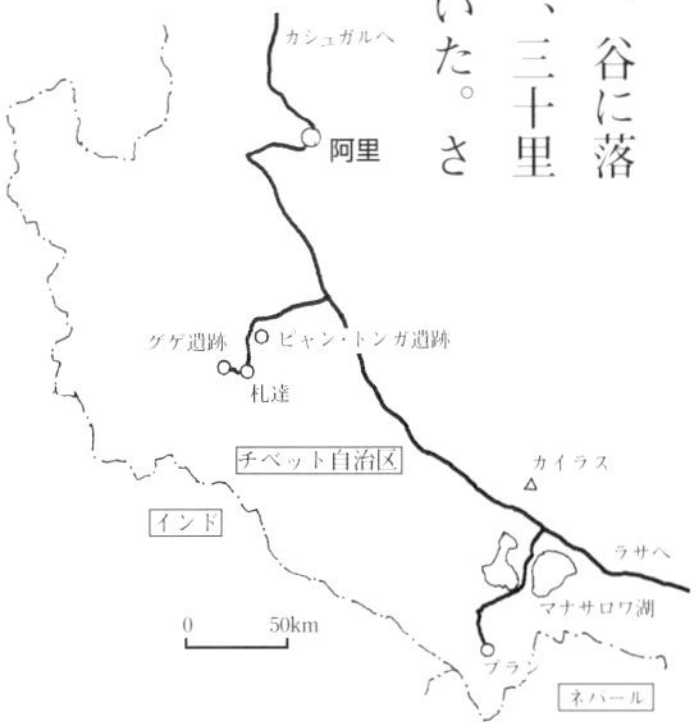

札達への道

いよいよ今日は目的地の一つトリン（札達《ツァンダ》）を目指す。札達に行くには五〇〇〇m以上の峠を二つ越えていかねばならない。天気はあまりよくない。二つ目の峠を越えた辺りで、午後の八時を過ぎたのでテント地を探す。夕食が終わった一一時頃、別のグループの車が引き返してくる。札達への道が増水のために通行不可とのこと。我々も明日行けるのだろうか、心配になってくる。

八月八日　早朝はポツポツと雨が降っていたが、出発の頃は晴れてきた。まず一台先に増水場所を調べに行く。道は谷を進む感じで、雨が降ったら通行できないと思われる。途中で道が無くなっている。どうにか前に進むが再びストップ。今後を相談、とにかくトラックはここで待たせておいて、行けるところまで行くことにする。しばらく進むと二台のトラックがこちらに走ってくるのが見える。ドライバーさんの話の様子では、このまま行けそうである。道は相変わらず悪いが、景色はよくなってくる。遠くにヒマラヤ、そしてこの辺りは、グランド・キャニオンのようなこの地域特有の景観である。やがてサトレジ河（象泉河）、そして対岸に札達が見える。やっと来たという感じである。公安の指定した川原にテントを張る、グゲまでは一七㎞の距離。昼食後、グゲ王国遺跡を見に行く。

グゲ王国遺跡が日本で紹介されたのは、一九八四年の『人民中国』（五月号）の特集だった。そして中国で本格的に紹介する『古格王国建筑遺址』（一九八八年）が出版されている。グゲは後で述べるが、一〇世紀から一七世紀中頃まで続いたチベットの地方政権である。海抜およそ三六〇〇mのところに、高さ一六〇mの山（丘）を利用した壮大な遺跡があり、山頂の王宮をはじめ、寺院、経堂、砦、仏塔、住居、地下道、用水路などが残っている。住居跡の洞窟も多く残っている。そして王宮も冬の宮殿、地下宮殿がある。崖に空けられた小さな窓からは遠くに象泉河も見られた。グゲ遺跡はまさに「つわものどもが夢のあと」を思い起こさせるところである。壮大な王国が突然滅んでしまった。遺

右：トリン寺
左：グゲ王国遺跡

跡の洞窟には殉難者の遺体が累々と重なり、三〇〇年たった今も異臭がすると言われる。しかし、現在のような廃墟になったのは文革にもよるようである。なお、建物の多くは日干しレンガ造であった。

八月九日　午前中はトリン寺を見に行く。トリン寺は「吐蕃王朝の分裂と仏教の復興」でも述べるが、一〇世紀末この地に建てられた最初の仏教寺院である。破壊が激しく、崩れた壁画も野ざらしであった。午後は、この年（一九九四年）の一月、新発見として朝日新聞でも大々的に報じたピャン・トンガ（皮央・東嘎）遺跡を見に行くことにする。ここは私たちの希望でスケジュールに入れてもらったのだが、公安局より許可が出ない。仕方がないので隠れて見に行くことにするが、もし見つかれば四〇〇〇元の罰金と言われる。車は札達を後に谷の道を登り本道に入る。トンガ遺跡への道もはっきりしない。やっとそれらしい道、沢筋を一気に三〇分程下る。川沿いの道を進むと、馬に乗った現地の人に会う。聞いてみると間違いない、この先

にトンガ遺跡があるようだ。やがて思いもよらない光景が広がっていた。チベット式民家の集落（後で聞いたが二〇軒程）と、丘の上に古いゴンパの遺跡が見える。清い水が流れ、緑豊かな所、海抜四二〇〇ｍであるが、今までの荒涼としてきたところに比べるとまるでシャングリラ（桃源郷）のようである。ここは絶好のキャンプ・サイト、遠くにはピャンの遺跡も見える。夕日に紅く染まるトンガ遺跡は美しかった。

八月一〇日　ピャン遺跡を見に行く。まず、ピャン村の手前の丘を登ると大きな仏教寺院の跡がある。かなり崩壊はしているが大チョルテン（仏塔）、ラカン（仏殿）の跡も一部残っている。しかし、全体的には破損が激しく、かなり以前から廃寺になっていたようである。ここからはピャン遺跡がよく見える。丘の山腹には無数の石窟が見える。以前は二、三千の石窟があったと言われるが、現在は千ぐらいとのことである。ピァンの村は一二世帯六七名が住んでいると言っていたが、村の裏手から丘を登っていく。石窟は調査中という事で、主なものは見られないが、一ヶ所鍵を開けてもらって見ることができた。間口、奥行き、それに高さも二ｍ少し、壁には壁画が残されていたが、かなり傷んでいた。ところで、尾根の上の寺院（廃墟）では仏像が転がったままになっていた[写真P66]。これらは文革によって破壊されたものであろう。ピャン遺跡から約四〇分でテントに戻り、少し休んでからトンガ遺跡に行く。丘の上の寺院への道は危ない。トンガ・タシチュリン寺、ここでは廃墟の壁に壁画がかなり残っていたが、これもだんだんと朽ちていくのだろうか。

右：トンガ遺跡
左：トンガ遺跡寺院にて

最近の研究ではピャン・トンガ遺跡はグゲ王国と同じ頃で、トンガは一時王宮の所在地、また、グゲ王国隆盛時、ピャンには多くの人口が居住していたと言われている。

八月一二日　以降、カイラス山、プラン、マナサロワール湖などを巡り、八月二四日カトマンズに着いた。

ネパールのチベット文化圏の建築

ムスタン地方

カリガンダキ河流域含む

上：木立の中のツェロク・ゴンパ／マルファの手前、つり橋を渡って行くとツェロク・ゴンパがある。18世紀にラマ・サンゲによって建立された。
下：ツェロク・ゴンパのドゥカンの扉。
左：ツェロク・ゴンパの正面／窓の上の三段の肘木、窓廻りの黒い縁取りはチベット建築の特徴。

右上：ゴンパ・サンパの外観／トゥクチェのはずれにある。カリ・ガンダキ河を遡りトゥクチェまでくるとチベット文化圏である。ゴンパ・サンパとは「新しい寺」の意味。
右下右：ゴンパ・サンパの経堂の内部。
右下左：ローゲカル・ゴンパ／ガミからローマンタンに入る道の途中にある。パドマサンバヴァが経典を埋蔵したところとされている。

左上：ローマンタン／ムスタンの中心地、標高3800m、周囲1km程の城壁に囲まれた城郭都市（15世紀にできた）。現在の戸数は約170戸。
左下：ツァーランのカンニ・チョルテン（仏塔門）／ツァーランはローマンタンの手前にある。

上：タンボジェ・ゴンパ／クンブ地方でのニンマ派の総本山（1985年撮影）。
下：パンボジェ・ゴンパの柱頭・肘木／タンボジェ・ゴンパよりさらに登ったところにある。象の形の肘木は珍しい。

ドルポ地方

ドルポのリンモ村／チベット文化圏の入口の村である。
ポクスムド湖が見えている。

右：シェー・ゴンパ／ドルポ地域、ポクスムド湖を越えてアッパー・ドルポに入る。シェー・ゴンパはこの地域のチベット人にとっては聖地である。
上：デチェンラブラン・ゴンパ／サルダンの南、シブの近くのナムコン川の川原にある。

右：ヤンツェル・ゴンパの壁画／ゴンパの門を入ってすぐ左にあるお堂の中には数個のチョルテンと、釈迦牟尼などの壁画が保存状態よく残されている。

左上：ヤンツェル・ゴンパ／このゴンパのあるところは中国国境にも近い。この地域最大のサキャ派のゴンパ。
左下：シブチョク・ゴンパ内の壁画／ドゥ・タラップにある。明妃を抱く法身普賢。

チベット建築紀行 1996年8月

秘境ドルポ チョルテンの里

ヤンツェル・ゴンパのラマと家族

「ドルポ」この地名は、チベットに関心を抱く者以外には聞きなれない地名かも知れない。ただ、数年前エリック・ヴァリ監督の映画「キャラバン」が公開された。五〇〇〇m級の峠を、ヤクの背に塩を背負わせて行くキャラバンが印象的だった。ドルポはこの舞台になったので、映画を見た方は思い出すかもしれない。

ドルポはネパールの北西部に位置する。もともとは、ドルポは隣りの地域、ムスタンとともにチベットの西部地方、ンガリに属していた。一八世紀の終頃にネパール領になってからも地理的には隔絶されていたので、古いチベットがそのまま残ってきたと言われている。そこは現在においても「秘境」と言える地域だろう。

「秘境」とは『広辞苑』によると、「人跡まれな、様子がよく知られていない土地」ということである。確かにこの地域の地図は、かなりおおざっぱな地図しかない。それにアクセスに時間がかかるので、ある程度日数を見ておかないと入ることはできない。まだしばらくは「秘境」のままだろうか。

ドルポはチベット文化圏の中でどこよりもチョルテン(仏塔)が多く、しかも比較的新しいチョルテンも目に付いた。このことはチベット仏教が、この地においては、今も脈々と生きづいている証しとも言えるだろう。

私は一九九六年にドルポに入った。

＊

八月四日　カトマンズでドルポ入域のパーミッションを収得。今回の場合Lower

DORUPOとUpper DORUPO、二枚のパーミッションが必要である。カトマンズからネパールガンジへ飛ぶ。

八月五日　チャーターしたヘリでネパールガンジからジュパルへ飛ぶ。この間四五分。ヘリは旧ソ連製の大型ヘリである。窓側を背にして両側に座り、その間は荷物の山、あまり乗り心地はよくない。しかし、今から半世紀ほど前（一九五六年）、この地域を詳しく調査したスネルグローブ教授はこの区間に二七日間費やしている。少しぐらいの乗り心地の悪さは仕方がないだろう。

ジュパルはドルポへの空からの入口であるが、ドルポへはムスタンから幾つかの峠を越えて入る場合も多い。ジュパルからドルポの中心地ドゥナイまでがこの日の行程。なおドルポでの移動はすべて徒歩であった。ドゥナイ（二一一一m）のキャンプ地は街のはずれ、バンガローの庭にテントを張る。

八月六日　今日からトレッキング開始。

カンリ・チョルテン（リンモ村）

メンバーは我々日本人六名に、ガイドのラムさん、シェルパガイドのピータンパルさん、パサンさん、その他スタッフ一〇名、それにポーター四六名の大キャラバンである。

ドゥナイの街を出てしばらく行くとシェー・ポクスムド国立公園のチェックポストがあり、ぺリ川に架かる大きなつり橋を渡る。対岸を少し戻る感じで歩く。まもなくスリー・ガードとの合流点、ここにアーミー・キャンプがあり、ここからスリー・ガードを遡って行く。それほど急な登りではないが川沿いの道を歩く、たまに森林の中を通って行く。

八月八日　レジのテントを発つ。昨晩は大分雨が降っていた。昼食後、二時間ほどで滝の音が聞こえてくる。ポクスムド湖から流れ出る川が大滝として落ちている。やがてチベット文化圏の一角である人口六〇〇人ほどのリンモ村に着く。リンモ村の入口には大きなカンリ・チョルテン（仏塔門）がある。チョルテン（mchod rten）とは仏塔、一般的には聖人などの遺骸が納められているが、カンニ・チョルテンは言ってみれば集落に入るゲートである。その内側の天井、壁にはマンダラが描かれている。この後、ドルポでは至る所でチョルテンを見た。ここは「チョルテンの里」と言っても差し支えないだろう。なお、チョルテンは地・水・火・風・空の五大要素を表わしていると言われている。基壇の上、段(四段)の部分(蓮弁部)は「地」、丸くなっている覆鉢部は「水」、細くなっている相輪は「火」、傘蓋部は「風」、一番上の日月部は「空」を表わしている。

八月九日　ポクスムド湖畔では、朝から雨が降っている。午前中、湖畔右岸、松林の間を通ってボン教のリンモ・ゴンパへ行く。ゴンパ(dgon pa)とはチベット語で「寺」のことである。

リンモ・ゴンパの壁は、村の民家でも見たが、石積壁に木の横材を一定の間隔で入れている。また、部分的には切妻の屋根を架けていた。ドゥカン(集会堂)は四本柱、真中にトップ・ライトがあり、一般的な小規模のドゥカンの形式である。現在、少年僧

右：ポクスムド湖とリンモ・ゴンパ
左：リンモ・ゴンパの壁

を含めて八名の僧がいるという。午後、湖畔のテント・サイトを出発、ポクスムド湖の西岸を行く。急斜面の湖岸、湖面まで三〇mはあるだろうか、人がやっと通れる道、すべり落ちたらまず助からないだろう。今日のテント地は湖畔の北岸、ここは浅瀬になっていて静かなところである。

八月一一日　白樺の大木のあるドバイのテント・サイトを出る。一時間三〇分ぐらいの急な登り、その後一時間ぐらいは平坦な道と下りが続く。川の傍で朝食をとる。ただし、雨が降っているので立っての食事である。昼食の後はまた急な登り、そして下りになるが、沢に沿っての道なので歩きづらい。少し皆バテ気味である。それでも三時にはナンマラ峠のベース・キャンプ地(四一九〇m)に着く。

夜の食事には、天ぷらと海苔巻が出る。今回のトレッキングにはカトマンズの某日本食レストランのコックが同行してくれていた。日本から持ってきた焼海苔やかんぴょうを使っての海苔巻、ネパールの山奥に居る

ことを忘れさせてくれる一時であった。

八月一二日　いよいよ今日はベース・キャンプ地から峠を越えてシェー・ゴンパを目指す。急な登りが一時間三〇分ぐらい、その後は穏やかな登りだが、最後にまた急な登り、足元は岩片でズルズルと滑る。さすがのヤクもきつそう。峠は五〇〇〇mを超えており、ガスがかかっていて何も見えない。なお、この峠、チョロンラ（ラは峠）と言っていたが、名前は今一つはっきりしない。峠からは一気に下る。どしゃぶりの雨の中、川沿いの道を一時間余り下ると、谷の右岸にシェー・ゴンパが見える。

八月一三日　この日はシェー・ゴンパでの一日、ゆっくりする。シェー・ゴンパのあるところは、ゴンパと若干の民家があるだけで、ゴンパから下の谷を見下ろすと、遊牧民の夏だけの住居「ヤルカン」が見える。

シェー・ゴンパはこの地域のチベット人にとっては聖地である。毎年チベット暦で七月の満月の日に多くの巡礼者がここに集まる。なお、シェー・ゴンパ（正式にはシェー・スムド・ゴンパ）は、実はこのゴンパだけを指しているのではない。少し離れたところに、ツァカン・ゴンパ、ゴンモチェ・ゴンパがある。この三つのゴンパの総称である。シェー（shel）はチベット語で「水晶」の意味で、巡礼者はこれらのゴンパのある山（水晶山と地元では言っていた）を巡るのである。シェー・ゴンパのドゥカン（集会堂）はあまり大きくない。内部は八・二m×一〇・三mで、六本の柱、真中部分がトップ・ライトになっている。内部に描かれている壁画は、残念ながら古いものではなかった。

八月一四日　昨夜も雨が激しく降っていた。また雨かと思ったが、朝は少し青い空、シェー・ゴンパの裏手から登って行く。一時間ばかり急な登り、その後緩やかな登りが続く。聖地とされる水晶山がくっきり見えている。シェー・ゴンパの他の二つのゴンパも途中見えていた。

八月一五日　デンチュウのテント・サイトを出ると一時間ほどの登り。この日はピジョール・ガオン（ガオンは「村」）に向かう。

右：シェー・ゴンパ
左：ゴンモチェ・ゴンパ（シェー・ゴンパ）

ピジョール・ガオンはテーブル状の山を背に広がっている集落である。村に下るところに崩れかけたチョルテンがあり、ここから村が一望でき眺めがよい。戸数は四八戸とのこと。

八月一六日　午前中は荷物をテントに置いてサムリン・ゴンパに行く。山を一つ越えて二時間ほど歩くと、山の上の台地にゴンパの建物が散在している。写真左下はゴンパのチョルテンである。このチョルテンには万字「卍」が描かれている。左回りの卍、これはボン教の寺院であることを表わしている。ボン教はチベット仏教より古い土着の宗教である。しかし、その教義に仏教の教理、実践を多く取り入れてきたので、チベット仏教の一派とも考えることができる。寺院の建物もチベット仏教のゴンパと特に変わっておらず、中に入っても素人目には、違いは分からない。しかし、一つだけ大きな違いがある。それは左回りの卍、これは徹底している。巡礼するのもチベット仏教徒は右回りであるが、ボン教徒は左回り、

右：ピジョール・ガオンの村
左：サムリン・ゴンパのチョルテン

マニ車を回すのも、右回りと左回りの違いがある。当然、チベット仏教徒の万字はこの逆である。ところで日本の万字はボン教と同様に左万字「卍」である。

八月一七日　朝、ピジョールのテント・サイトを出る。村の中を流れる川を遡って行く。村のカンリ・チョルテンの四隅には小さいチョルテンが載っている。親子のチョルテンである。今日は、約一〇〇〇mの登りの行程で、かなりきついところもあった。

八月一九日　朝、カランを出て二時間ほどは平坦な道で、至る所にチョルテンがある。赤いソバの花が美しいテリンの村を過ぎて川沿いの道を進む。昼食は川が合流している地点でとったが、ここではチベットの行商人たちも休息していた。国境を越えて来ているのだが、中国製ビール（一本一二ルピー）、タン茶、くつ、電池などを持っていた。ここから、しばらく行くと今回のルートでは最大のゴンパ、ヤンツェル・ゴンパが見えてくる。

八月二〇日　テントはヤンツェル・ゴンパ

を少し行き過ぎたところのニサルに設営する。昨日はゴンパに入れなかった。ヤンツェルには外国人は入れないと前から聞いていたが、同行のリエゾン・オフィサーのダカール氏の努力と、日本から来た同じ仏教徒ということで、この日、特別に中に入ることができた。そして内部の写真撮影もＯＫということで、幸運だった。

このゴンパを特徴付けているのは、経文塚のある広場に面して九個のチョルテンが並んでいることである。境内にはいくつかの建物があるが、もっとも重要なのは、門を入ってすぐ左の建物である。このお堂の内部［写真Ｐ80］には、大きな数個のチョルテンがある。そして、その壁面には釈迦牟尼などの素晴らしい壁画が保存状態もよく残されている。このゴンパはサキャ派と聞いていたが、それを示すように外壁には紅・藍・白の縦縞が塗られていた。写真右下は、このゴンパの創始者のラマ僧の遺骸が納められているという大きなチョルテンである。チョルテンの屋根に出られる小さな窓が開けられていた。

右：ヤンツェル・ゴンパのチョルテン
左：ダイオウの一種

八月二一日　広い川原のサルダンのテント・サイトを出る。ナムドを過ぎシブの近くでナムコン川の川原にあるデチェンラブラン・ゴンパを見る。紅と白の壁が美しいゴンパである。チベットの寺院建築において、紅く塗られている部分は宗教的に使われているところである。ゴンパに行く途中の木の橋は流されていた。

八月二三日　ジェンラ峠の麓、お花畑のテント・サイト。印象的だったのはダイオウ（大黄）の一種［写真左上］。高さ四〇㎝ぐらいの部分、花序だけが立ち上がっている。普通のダイオウは茎が長く伸び、花茎があり、その先に花序が付く。テント・サイトを出て、峠までは一時間余り。峠（四八九五ｍ）は広々とした台地である。その後は川に沿って下る。トッキヨを経由して、この日の宿泊地ドウ・タラップに向かう。チンコー（青稞）の畑、緩やかな傾斜の両岸、この季節山肌は緑であり、のどかな感じのする所である。途中、上から見えていたカカル・ゴンパに寄る。

八月二四日　ドゥ・タラップ（三九五五ｍ）は、タラップ川の谷にある村。ドゥ（mdo）とはチベット語で「谷」を意味している。したがって、ここはタラップ・ドゥとしている地図もある。なお、ドゥには「川の合流点」の意味もあるが、実際にドゥ・タラップにはもう一つの川が合流している。合流している川沿いの道を四〇分ほど行くとシブチョク・ゴンパがある。このゴンパもボン教であり、チョルテンが建ち並ぶ道を行くとゴンパがある。このゴンパも大きくはないが、明妃を抱く法身普賢［写真Ｐ80］、阿閦《あしゅく》如来などの壁画は見ごたえがある。

午後からは、テント・サイトからも見えていたグル・ゴンパに行く。ここはグル・リンポチェ（パドマサンバヴァ）を奉っているニンマ派のゴンパである。ここのチョルテンに入る。そして中にもチョルテンがあった。勤行堂は六本柱、チベットの建築は柱スパンが大体決まっていて、均等に並んでいる。スパンは二ｍから三ｍぐらい（寺院の場合はもう少し長い場合がある）。従って、柱の数

右：グル・ゴンパ
左：タラップ川に架かる橋

は建物（部屋）の広さを表わすことになる。ドルポのゴンパの場合、柱は四本または六本がほとんどであり、寺院としては小規模のものである。隣のムスタンには、もっと大きなゴンパもある。

八月二六日　今日は朝から晴れ、やっと天気も落ち着いた感じである。今日も昨日と同じようにタラップ川の川沿いの道、危なっかしい木の橋を何度も渡っている。それでも午後からは橋を渡ることもなくなり川からかなり高いところの道を行く。ここまで来ると道はかなり整備されている。オランダの援助で整備されたとのこと。テント・サイトの場所は一気に二五〇ｍ下がった所。ここもお花畑のキャンプ地であった。

八月三一日　ジュパルの空港で一夜を明かす。昨日は天候不良のため、迎えのヘリは来なかった。なお、この空港にはトイレがないので、滑走路の隅で用をたさねばならない。天候は相変わらずあまり良くない。空を見上げると飛行機の音がして、雲の間からヘリが見える。これでやっと帰れる。しかし、

ネパールガンジからカトマンズへの飛行機は飛んでしまった後で乗ることができなかった。今日中にカトマンズに着かないと国際線には乗れない。たまたま、セスナ機が一機空港に来ていたので交渉する。何とかカトマンズまで飛んでもらうことができた。

九月一日　関西空港到着。「秘境」ドルポを出てから二四時間で日本に戻った。

追記1　ドルポのチョルテンには、特徴がある。それはチョルテンに屋根が付いていることである。屋根は丸くなっている覆鉢部の上に付いている。しかも、写真を見てわかるように、かなり本格的な屋根である。これはこの地域の雨量が多いことを物語っている。しかし、建物には屋根を架けない陸屋根である。チョルテンに屋根を付ける地域はチベット文化圏でも限られている。隣のムスタン、それにムスタンの東、マナンぐらいである。なお、四川省の一部の地域で、少し形式は違うがチョルテンに屋根を付けているのが見られる。ブータンなどでは、建物には切妻屋根を架けているが、チョルテンには屋根はない。写真中下はムスタンのツァランの村落に入るところにある屋根の付いたカンニ・チョルテン。このチョルテンは大きく、二〇mはあるだろう

右：ツァーラン（ムスタン）
左：ヒンドゥー教寺院のシカラ

か。しかし、ムスタンはドルポに比べると雨量はかなり少ない。機能的な面ならば、屋根は無くてもいいような気がする。写真左上はチベット圏ではないが、インド北西部マナリのヒンドゥー教の寺院、バジェスト寺院のシカラに付けられている。これは石造ではあるが、表面を雨から保護するために付けられたのだろうか。チョルテンの屋根と共通するものがあるのかも知れない。

追記2　このトレッキングの期間中、日本人のパーティーには会わなかった。しかし、欧米人はかなり来ている。この年は私たち六名を合わせて二七〇名（八月末）と、チェックポストの役人は言っていた。ヒマラヤをトレッキングしていると、よく日本人には会うが、ここには来ていない、なぜだろうか。今の日本では長い休暇を取れるところは少ない。向こうで会ったフランス人のグループは二ヶ月の予定で入っていると言っていた。「秘境」に行くのにも国の事情によるようである。

追記3　今回のトレッキングにはリエゾン・オフィサー(Liaison Officer)のダカール氏（K.N.Dhakal）が同行したと記したが、彼はその後、"BEYOND THE HIMALAYAS"(Fertil Trade International, Brussels, BELGIUM, 2002) を出版している。この前半が私たちに同行した時の記述である。

北西インド チベット文化圏の建築

ラダック地方

上：中庭より見るティクセ・ゴンパ。
左：ティクセ・ゴンパの全景／ティクセ・ゴンパはレーの東19kmのところにあるゲルク派のゴンパ。人里はなれた小高い丘を利用して建てられている。

チュムレ・ゴンパ／レーの東40km、幹線道路から少し北に入ったところにある。チデー・ゴンパとも言われドゥク・カギュ派に属する。

上：ラマユル・ゴンパ／スリナガルからレーに入るルートで最初に出会うゴンパ。
下：リキュール・ゴンパ／レーの西約52km、サスポールより少し北に入ったところにある。

上：アルチ・ゴンパ三層堂内部／周りの壁面ははマンダラで埋め尽くされている。
下：アルチ・チョスコル・ゴンパ／アルチ・ゴンパはラダック地方で最も重要なゴンパ。リンチェン・サンポの創建とされ、ドゥカンなどは11世紀後半頃と言われる。
左：アルチ・ゴンパのドゥカン／本尊を置く北側が凸出しているが一辺約8mの方形。前に中庭がある。

上：中庭より見るヘミス・ゴンパ／ヘミス・ゴンパはレーの東南48km、インダス河を渡り、少し山間に入ったところにある。ラダック最大のゴンパ。
左：ヘミス・ゴンパ勤行堂内部。

193

タユール・ゴンパ／マナリからロタン・ラを超えるとラホール
に入る。建物の様式もチベット様式と少し異なっている。

スピティ地方

タボ・ゴンパ／ロタン・ラから西に向かうとスピティ。このゴンパはリンチェン・サンポによる創建。アルチ・ゴンパと同様貴重な仏教芸術が残されている。

上：バルダン・ゴンパ／ザンスカールの中心地、パダムの南約12km、リンツィ川を遡ったところにある。
左：トンデ・ゴンパ／パダムからザンラに向かって10km程のところにある。山の上にあるゴンパで登っていくと1時間は十分にかかる。

上：カルシャ・ゴンパの柱と肘木。
右：カルシャ・ゴンパシャの全景／カルシャ・ゴンパはゲルク派でザンスカール最大のゴンパ。
左：カルシャ・ゴンパでの朝の勤行。

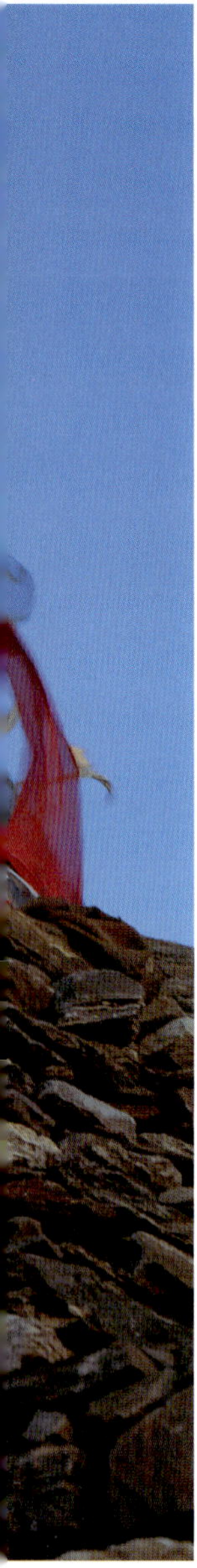

上：サニー・ゴンパの正面／ゴンパにあるカニカ・チョルテンはカニシカ王が建てたとも言われている。
下：サニ・ゴンパでの柱と肘木／このゴンパはパダムの手前にある。

ゾングル・ゴンパ：パダムの手前約20km、アティンの村から谷沿いの道を登ったところにある。11世紀創建されたと言われている。

ギャロン・チベット族の建築

丹巴地方

上：丹巴の石碉（せきちょう）／梭坡（ソウポ）郷、川を隔てて見る石碉はこの地域の代表的な景観。
左：八角形の石碉／石碉は見張り、防衛（避難）、貯蔵などの機能があった（梭坡）。

上：甲居村の民家の内部／かまど（囲炉裏）の形はチャン族のものと類似している。

右頁上：早春の甲居村／丹巴周辺にはギャロン・チベット族が住んでいる（丹巴）。
右頁下右：中路郷（丹巴）。
右頁下左：巴底郷（丹巴）の官寨。

丹巴の女性

一九八五年に中国建築についての大著『中国古代建築技術史』（科学出版社）が出版された。チベット建築についても一八頁にわたって記述され、当時としては貴重な文献であった。その中に、高層碉（高碉）について、「西蔵ラサのポタラ宮、山南のユンブ・ラカン、シガツッのゾン、グゲ王国の城塞建築等は皆、碉楼技術の発展した結果である」という解説があり、碉楼の図面［P113］も掲載されていた。

チベット建築紀行 2001年8月

東チベット・丹巴《タンバ》千碉の国

しかし、当時（一九八〇年代末頃）は、まだ資料も少なく、これらの碉楼がどこにあるのかも分からなかった。その後、チベットを紹介する中国の代表的な雑誌『中国西蔵』にイタリアのサンジェミニアーノを思わせるような丹巴の石碉の写真が出ているのを見て、初めてこのような建物が四川省にあることを知った（「チベット建築の源流」参照）。なお、石碉は碉楼、石碉楼、高碉、古碉などいろいろな言い方がされている。

その石碉の役割は、主に三種類に分けられるようである。一つは「寨碉」、これは部落として持つもので、周囲四方向また交通の要衝に建てられる。共同体としての防衛・戦闘のためである。もう一つは「哨碉」、見晴らしの良いところに造られ、狼煙《のろし》台の役割を果たす。そして「家碉」である。これは家族単位で持つもので、貯蔵用と、抗争時に身を守るためである。この他に境界碉、邪気を鎮める「風水碉」もあったと言われる。

石碉の形態には四角、五角、六角、八角、十二角、十三角まである。最も多いのは四角碉で、形態的にも、四角碉は古いと言われている。その高さは、低いものは一五mぐらいからあり、三〇m前後が最も多く、高いものは五〇mにも及ぶ。内部には高さ一丈（三・三m）ほどごとに床があり、高い石碉は床が一三層にもなる。窓といえば所々に小さなのぞき窓・銃眼があるだけで、登り下りには丸木梯子が使われている。石碉楼への入口（碉門）が一階にあるのはごく一部で、多くは二～三階にある。

私は、丹巴周辺には二〇〇一年以来、何度か行っている。丹巴へは成都から西に真直ぐ行けば車で一日の距離であるが、ここでは北廻りでのルートを記す。

成都から北へ一五〇km、アバ・チベット族羌族自治州、汶川を過ぎてまもなくチャン族の桃坪《タオピン》寨（集落）がある。この集落は全体が要塞のようであり、石畳の道は入組んでいる。碉楼は二棟あり、上まで登れるが、次に述べるギャロン・チベット族の石碉とは少しタイプが異なっている。まずチャン族の碉楼は住居部分とつながっている。高さもチベット族の石碉ほどは高くない。

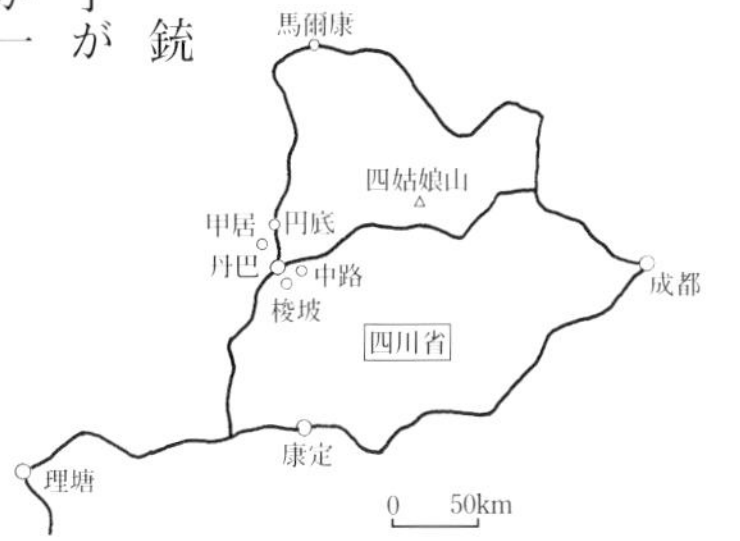

右：チャン族の石碉　　左：マルカム

さらに二三〇kmほど行くと馬尓康（マルカム）・松崗、この辺りには石碉楼がよく保存されている。そしてこの地域の民家（碉房）の石積技術は高度なものがある。四隅周辺部の石積を少し斜めにして（弧を描くように）荷重が内側に向くようにしている。このような技術は他の所ではあまり見られない。

石碉建築とは少しタイプが異なるのに土司官寨《どしかんさい》がある。土司とは元明清時代、少数民族の首領に世襲の官職を与え、その地の人民を支配させた制度であるが、その館が土司官寨である。この場合、統治者の役所の機能と住居としての機能を持つため碉房建築の規模は大きくなる。そこに建てられる、官寨石碉楼は同時に二棟建てられる事も多く、争いの時には避難場所となるため、一般の石碉楼よりも床面積も広い。

馬尓康には、最近再建された（以前はかなり壊れていた）卓克基《ジュオコォジィ》の官寨がある。チベット・漢両様式を取り入れた官寨の典型である。この卓克基官寨はギャロン・チベット族の官寨の中では規模が小さいものであったと文献に書かれているが、再建された建物を見るとかなり大規模なものである。かつてあった他の官寨の大きさは、どれほどのものであったのであろうか。

　馬尓康から大渡河の支流、大金川を下ると金川、この辺りは史料によると清代の乾隆年間にはまさに「千碉の国」だったようである。卡撒（カサ）の一寨（郷・集落）だけで三百余の石碉があったと言われている。卡撒の近く馬尓邦（マルポン）には地元の人が「碉王」と呼んでいる石碉楼が残っている。高さは五〇m、近づいて見たが入口は無い。七～八m程上に少し大きい窓があるだけである。入口を塞いでしまった形跡も無いし、どうしてだろうかと思った。後から文献を読んでみて分かった。先程述べたように、もともと一階には入口は無かったのである。

　馬尓邦より大金川を少し下流へ巴底郷《バデェ》、この辺りから丹巴《タンバ》である。巴底の集落は官寨を中心として碉房（民家）が建てられている。

右：巴底の官寨
左：甲居村

白い民家の中にひときわ目立つ官寨の塔、壊れてはいるが、ここの石碉楼は碉房建築の一部が九階建になっている。

　巴底から少し南下すると巴旺郷《バワン》、そして川を離れて道を上って行くと甲居村がある（甲居村があるのは聶呷郷《ニェシャ》）。

　甲居はまるでおとぎ話にでも出てきそうな所である。甲居の民家の壁は上部（庇に当たる部分）に紅と黒の帯、そして、その下が白い帯と黄土色に塗り分けられている。このような民家が点在している。そして、これは甲居の民家だけでなく、ギャロン・チベット族の民家に言えることだが、屋上の四隅に三日月（月牙）状の突起がある。特に甲居の民家は白く際立っている。この部分は現地では「ロウツェ」と呼び、厄除けと言われる。また東西南北四方の神を表わしているとも言われている。

　甲居からは丹巴の街も近い。丹巴は大渡河が大金川など四つの川に分かれる所にあり標高二〇〇〇m、この辺りでは大きな街である。

丹巴の街を出るとすぐに、道路から河を隔てて梭坡《ソウボ》郷を見えてくる。見廻せば、石碉も多く数えることができる。石碉の景観を保持する代表的な集落と言えそうだ。この集落は山の斜面に建てられ、木々の緑の中に白い建物が配置され、それと黄土色した塔（石碉）のコントラストが美しい。

中路郷は丹巴から少し離れているが、ここも不思議な魅力を持っている。石碉楼は余り残っていないが、民家は大きく、五階建ても見られる。そして建て方も甲居などとは少し異なっている。石造りではあるが形態は現代建築に似通っていると思われる。このように各部落（郷）の民家は建て方が少しずつ異なっている。民家の様式が異なっているように、ギャロン・チベット族は、たとえ同じ土司の管轄下でも、各集落の間には互いに統属関係がなかったと言われる。そして、その習俗は復讐を好んだとも言われている。このようなことから争い事は絶えず起こり、石碉楼の必要性も生まれてきたのであろう。なお、中路郷は前にも述べた、新石器遺跡が発見されたところである。

ところで、丹巴はチベット語（ローマ字表記）ではrong brag（ロンタ）である。丹巴（ピンインdan ba）の名称がチベット語と異なるのは一九二六年に、この地域の名称を三大土司（丹東革什扎・巴底・巴旺）の頭文字から取り、丹巴としたためである。

右：中路郷
左：石碉の内部

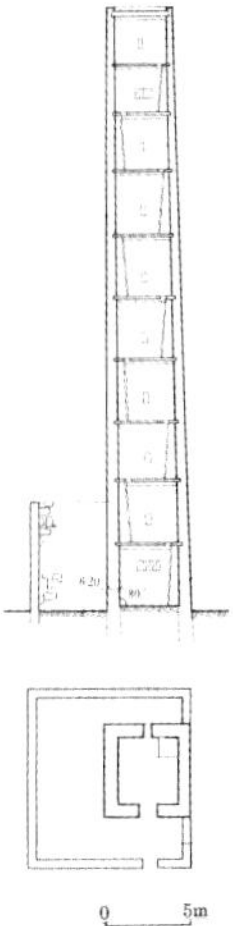

図3 石碉断面・平面図

チベットの民家

上：ザムタンの民家／この地方は穀物を干すバルコニーがあるのが特徴（アムド地方）。
左：ザムタンの部落。

右頁上：ンガリ地方の民家／大金（タルチェン）。
ここはカイラス巡礼の基点。
右頁下右：ギャンツェの民家（ツァン地方）。
右頁下左：プランの民家（ンガリ地区）。

左頁上：シェーカルの民家（ツァン地方）。
左頁下：チャンタン高原の民家。

ムスタンの民家／地域は異なっているがプランの民家
と変わらない（ギリン）。

ドルポの民家／ドルポは環境の厳しさを伺わせる。
民家も大きくない。

ザンスカールの民家（カルシャ付近）。

ザンスカールの民家。

スピティの民家。

道孚の民家／このあたりは木材が豊富である（カム東部）。

郷城の民家（カム東部）。

新龍の民家（カム東部）。

マルカムの土司官寨／土司官寨とは言わば領主の館。

九階建の民家／民家の王と言われる（ザムタン）。

チベットのテント

上：布製のテント／青海湖近くで。
左：テント内部／このテントの中はまばゆいばかりの赤であった。

黒テント／チベット族遊牧民の典型的なテント（多瑪、
ンガリ地区）。

700年前のテント／塔公（ラガン）高原での甘孜蔵族自治州50周年の時に張られていたテント。ダライ・ラマ５世も使用。

右：ナムツォ湖の黒テント
上：塔公草原のテント群
下：テント内での勤行（タール寺）

チャンタン高原

テント寺院

下：仏殿の内部／４名のラマがお経をあげていた。
左：チャンタン高原、安多の近く灘堆(タンドォイ)郷にテントの寺院はある。経堂のテントと丸い仏殿のテント。

チベット建築紀行 2002年8月

チャンタン高原のテントの寺院

テント寺院のラマ達

『西藏研究』（一九九一年一期）に「羌塘草原上帳篷寺庙 ― 柏尔貢巴」二ページの論文が出ていた。テントの寺院らしいが、どこにあるのだろうか。羌塘はqiang tang、チャンタン高原にあるらしい。しかし、写真は出ていない。チベットのテントの寺院についてはほとんど文献にも出てこない。モンゴルでは一部テントにしている寺院の写真を見たが（現在は無いようである）チベットではどのようなものだろうか。しかも文献では八○根（八○本の支柱）と記載されている。見てみたい。友人でもあり、チベット、東チベットなどの特殊のところにツアーを出している烏里氏（イ族出身）に話したところ、間もなく、「ツアーを組みましたので行きましょう」と言ってきた。「魅了するチベット・チャンタン高原の最奥地へ」というタイトルがよかったのか総勢八名になった。しかし、メンバーにはチベット初めての方も多く、ちょっと心配でもあった。以下は、その時（二○○二年）の記録である。

＊

八月二五日　ここはラサ。テントの寺院があるとされるのはラサの北方、約四五○km、ナクチュ（那曲）の先、チャンタン高原のアムド（安多）である。

八月二六日　頼んであるランクルがなかなか来なかったが九時三○分、三台に分乗してラサを出た。北に向かってチャンタン高原を走る。途中左側に連山が見えていた。たまに民家もあるが、紅い周りの土と同じ色、日干しレンガ造りであろうか、建物は低く、環境の厳しさが伺える。夜遅く安多に着く。

八月二七日　寺院のあるのは安多の東五〇km、灘堆《タンドオイ》郷である。安多からは少し幹線道路を走ったが間もなく山の道（草原）に入る。だが、この道は工事中であった。工事中といっても勿論舗装工事をしているのではない。轍の跡を確認しながら進むのだが、目指す寺院はたまに出会う人に聞いてもはっきりしない。安多でも老人達に聞いてみたが、聞いたことはあるが見たことはないとの話だったので、本当にあるのだろうかと心配になってくる。そして同行のSGさんは、かなり体の具合が悪い。短期間で高度を上げてきているので皆も大分高度障害が出てきている。心配していたことだが、一台の車に具合が悪い何人かを乗せて通訳と共にラサに戻って行った。

今日は、難堆まで行く予定であったが、その手前でキャンプすることにする。それでも車一台だけはとにかく行ってみようということで、同乗する。道は相変わらず悪い。しばらく行くと前方に集落らしきものが見える。しかし運転手は、道が悪く今日は行くのは無理だという。仕方なく場所を確認できないままキャンプ地に戻った。テント・サイトはチャンタン高原、遊牧民のテントが近くにポツンと一つあるだけのところ。水場となる小さな池以外、三六〇度見渡しても何もない。高度は四八〇〇m。テントの寺院はかなり建替えられているらしいとの情報は入る。

右：チャタン高原の民家
左：チャンタン高原のテント・サイト

八月二八日　夜中はかなり寒く、それに高山病の影響でよく眠れなかった。朝起きたら、外気はマイナス四度Cであった。テントは夜露が凍ってバリバリしている。しかし、なぜか水場の池に氷は張っていない。昨日途中まで行った道を再度進む。道が悪いので、本当に行き着けるかまだ心配である。…とうとう集落らしきところに近づいた。しかし、寺院らしい大きな建物は見えない。…ついに集落に着いた。お坊さんがいる。ここは間違いなくペェリー・ゴンパ (be ri' gong pa・柏尔貢巴) である。柏尔とはこの集落の名前である。ガイドはお寺を見せてくれるよう交渉している。周りにはたくさんの僧侶たちが集まってきた。なにせ日本人は初めて、外国人が来るのもほとんど初めてのところである。やがて交渉も成立し、寺院内に入る許可が出た。改めて周囲を見ると、日干しレンガ造りだろうか、粗末な平屋の僧坊が周りに建っている。それにチョルテン、そしてテントのお堂があった。およそ一五・三m×一〇mの長方形の白いテントで、三本の支柱があり、経堂である。中は僧侶が座れるように長くマットが敷いてある。その隣に繋がるように丸い径五mほどのテントの仏殿。普通のテントでない証拠に頂に宝瓶《ほうへい》が見える。ここでは四人のラマが、お経をあげていた。そして正面には小さな菩薩像が安置されている。その横に経典の棚があった。天井中央には天窓があり、この造りはモンゴルのゲルと同じである。ただしこのゲル（仏殿）には中央にしっかりとした柱（角柱）があった。モンゴルのゲルの場合は天井（天窓）部分を二本の細い柱で支える。このようなしっかりした柱を使

右：テントの寺院
左：テントの経堂内部

っているのは、このゲルが固定式仏殿の証しである。しかし、八〇本の支柱のあるテントの大経堂はなかった。聞けば一〇年程前にテントの経堂の横にあるコンクリート造りのお堂に建て替えたとのことである。後でこの中にも入ったが、ガランとして殺風景なものであった。残念ながらテントの大経堂がどんなものであったかは、分からなかった。

文献によるとこのテント寺院の創建は一六五四年で、三五〇年余の歴史があり、一度も石積壁、木などで建て替えられることはなかったと言われている。以前あった黒色の大テント経堂は二〇〇名の僧侶が勤行できたとのことである。そして周りには僧坊用の小テントが四重にも取り囲んでいたようである。ここの部落は数百年前に青海省・玉樹から移って来た人々である。

ところで、なぜテントの寺院が造られたのだろうか。チャンタン高原は環境が厳しい。もちろん森林などはない。ここでは木材を手に入れるのは大変なことであっただろう。そして建築材料となる石もない。寺院が必要

となれば天幕で造らざるえなかったに違いない。もっとも全てをテントで造ったわけではない。例えば那曲地区の夏丹寺は、最初は簡単なテント寺院であったが、その後次第に発展していき、石積・木材を使い、一八四二年の増築の時には四八本の柱、三層の経堂が造られたと文献には記されている。また、移動できる大きなテントの寺院もあったようである。

一通り見終えた後で、一棟に招かれたが、ここのラマたちは非常に友好的であった。バター茶をしきりにすすめる。飲むと、また注ぎ足してくれる。聞けば、現在四〇余名の僧侶がいるとのことである。若い少年僧もいた。ところで寺院の周りには遊牧民のテントが多く張られていた。明後日、お寺で大きな法要があるとのこと。近隣の遊牧民が集まっていたのである。この地域では今でも、寺院は精神的な大きな支えなのであろう。なお安多は、現在工事中の青蔵鉄道が通るところである。今あるテントの寺院もいつまであるか分からない。

右：コンクリート造の経堂
左：ヤンバーチェン・ゴンバ

八月二九日　今日はナムツォ（ナムツォ湖）まで行く予定であったが、夜の八時になってしまったので、当雄《ダンチョ》に泊まる。

八月三〇日　ナムツォ湖で日の出を見ようということで当雄を朝五時三〇分に出発、ナムツォには七時頃には着いた。今の季節、雨季なので心配していたが、よく晴れている、ニンチェン・タンラ峰（七一六二m）がよく見えていた。湖畔には遊牧民の黒いテントがあった。

ラサに戻る途中でヤンバーチェン・ゴンパ（羊八井寺）に寄った。羊八井は温泉がある事でも知られている。寺院は温泉のあるところから少し離れて、シガツェに行く道沿いにあり、寺院の背後に登るとなかなか景色のいいところである。羊八井寺は一五世紀末に創建されたカルマ・カギュ派紅帽派の主寺であった。

宝瓶：gan ji ra　日本建築では宝珠（ほうじゅ）であるが、中国文献では宝瓶としている。

ブータン・承徳・内モンゴルの建築

右：パロ・ゾンのツェチュの祭り／年一回、グル・リンポチェの大きなタンカ（トンドル）が開帳される。
上：パロ・ゾン／パロ谷を見下ろすところに建てられている。ブータンを統一したシャブドゥン・ガワン・ナムゲルが1646年に築く。1907年に火災で焼失後再建。
下：シムトカ・ゾンの宇宙図マンダラ

下：普陀宗乗(ふだしゅうじょう)・大紅台／窓の形はあるが必ずしも部屋がある訳ではない。建物は漢式とチベット建築の融合が見られる。河北省承徳に外八廟がある。外八廟は当時の清朝が中国各民族の統一を願ったもので、康熙、乾陵年間に建てられた。
左：普陀宗乗・大紅台／ポタラ宮を模して建てらている。

普寧寺・大乗閣／サムイェー寺を模して建てられている。

須弥福寿の廟／外八廟での最後の建設(1780年)でタシルンポ寺を模している。

右：五当召／包頭から北東約50km、内モンゴルに残る唯一の純チベット様式の寺院。
乾隆14年（1749年）に完成。
上：クンドルン召／フフホトにある。正殿だけは修復されていた。
下：シラムレン召／四子王旗から北へ約60km、。チベット様式の経堂が二棟建っていた。

チベット建築紀行 2003年8月

内モンゴルのチベット仏教寺院

内モンゴルの草原（シラムレン召へ）

二〇〇三年八月二一日、車はフフホトから西方、包頭《パオトウ》に向かっていた。運転手はガイドを兼ねている王さん。王さんによれば、最近のモンゴルでは若い人は街に住みたがり、年寄は不便でも草原に住みたがるという。それに牧草地の砂漠化が進んでいるともいう。聞けば王さんは、「中日友好」砂漠緑化運動の事務局もしているという。環境問題、世代間の問題はどこの国にもあるようである。

包頭に向かうにつれて雲行きはだんだんと怪しくなってきた。包頭に着いた頃にはドシャ降りの雨になっていた。包頭の街はあまり大雨を想定していないので水はけはよくない。道路が一部冠水してしまっている。今日は今回の最大の目的地である五当召に行くことにしていたが、取り止めにし、明日に予定していた昆都倫召《クンドルン》（しょう）に行くことにする。しかしここも道は冠水で進めない。仕方がないので市内から北方にある梅力更《メイリコン》召に行くこととした。梅力更召はチベット様式の外観に中国式の屋根が架かっているこじんまりとした寺院。雨のなかで写真を撮った。最初の日からこれだと、ちょっと今回の写真取材も心配になってくる。

ところでチベットの北、モンゴルへのチベット仏教の浸透は一三世紀に始まる。元朝、フビライ・ハーンはチベット仏教を国教としてパクパを導師とした。以降、チベット仏教はモンゴルに浸透していった。最盛期にはモンゴルだけで七〇〇以上、内モンゴルで九〇〇余の寺院があったと言われている。しかし現在、モンゴルにはほとんどチベット仏教寺院は残っていない。内モンゴルにも、わずかしか残っていないが、今回はその中でもチベット様式を伝えている寺院の取材が目的である。この地方（内モンゴル）の建築に関する情報は我国では少ない。たまたま神田の中国専門書店で手に入れた『中国古建築文化之旅―山西・内蒙古』（知識産権出版社、二〇〇二年）が今回のガイドブックである。

次の日は幸いなことに晴れていた。五当召は包頭から北東に約五〇㎞、少し山間に入っていく。五〇〇mは登っているのだろうか、海抜およそ一五〇〇mのところにある。「五当(wu dang)」とはモンゴル語で「柳の樹」の意味で、当地には柳の樹が多くあったと言われている。五当召は清朝の康熙帝の時に建設が始まり、乾隆一四年（一七四九年）に完成した。三方を囲む山を背にチベット式の陸屋根の伽藍が配置されている。山には松ノ木が生えている。と言って、生い茂っているわけではない。それでも寺院が建てられているところ以外は禿山に近いので、ここの緑が目立つのである。王さんの説明によると、モンゴルでは昔、多くの寺院を建設するため木を伐採したとのこと。自然破壊は近年に始まっただけではないようである。

五当召は内モンゴル有数の学問寺であった。以前は八経堂あったが、現在は六経堂が残っている。最も大きな建物は広場に面している大経堂、その上方にあるのが中心的な建物でドンカァル殿、ここは時輪学院とも言われ天文、暦法、数学などが教授されていたところである。五当召は内モンゴルに完全な形で残る唯一の純チベット様式寺院である。僧坊なども新しく建てられているようでよく整備されている。そして門前には土産物屋が並ぶ。

この日の午後は包頭に戻り、昨日行けなかった昆都倫召に行った。このお寺は、チベット様式の正殿は修復されていたが、他はほとんど手づかずで荒れ果てたままであった。文革でほとんどが破壊されたとのことである。我々が訪れた時は、細々と仏塔の修復工事を行っていた。

次の日は包頭の東にある美岱召に行く。

メイリコン召

美岱召《ミタイ》は包頭の東二〇㎞、大青山山麓にあり明代一五七五年に建てられた。一部、壁などにはチベット様式も取り入れているが、歇山（入母屋）式の屋根など漢式の建物で、周長一㎞近い長方形の城壁で取り囲んでいる珍しい城塞式の寺院である。ここは国指定の文化財（全国重点文物保護単位）の一つであるが、五当召のようには観光客は来ないようで、若い漢族の責任者は補修するにも予算がなく、何かいいアイディアは無いかと、私を日本人の専門家と見たのか意見を求められた。ラマ僧も現在はいないと言っていた。

　この日は午後、フフホトに戻り内蒙古博物館見学に行く。モンゴルは恐竜の化石がよく発掘されるところなので化石は見応えがあった。少し意外だったのは、モンゴル最大の英雄ジンギス・ハーンの展示はちょっとしたコーナーだけで、次の一室が抗日運動の展示で占められているのとは対照的であった。

　フフホトでの次の一日は少し遠出して四子王旗に行くことにした。ここには文献では四子王召がある。ホテルを七時三〇分頃

右：五当召
左：美岱召の城門

出て四子王旗に着くが目指す寺院はない、ガイドの王さんはあちらこちらで、本の写真を見せて聞くが見つからない。本には蔵漢折衷様式の寺院と純チベット様式の写真が載っている。やっとそれらしい寺院を聞き出したが、だいぶ離れたところにあるらしい。道に大召まで六一㎞との案内があった。なんとここからまだずうっと先である。しかも道は草原（悪路）に向かっている。そこまで行って本当に写真にあるようなチベット様式の寺院が現存するかどうか分からないが、とにかく行くことにした。車はモンゴルの草原を、一時間三〇分ぐらいは走っただろうか。ちょっとした集落に着く。確かに寺院はあり、そこは緑があり美しいところであった。思わず王さんと握手する。

　聞くとここは紅格尔苏木《ホンコルスム》というところで、純チベット様式のお堂（経堂）が二殿、モンゴルとは思えないような景観である。小さい方の経堂に入ったが、壁の壁画も近年のものではないように思えた。地図で調べてみると確かに紅格尔苏木には希拉莫仁庙（シラ

ムレン）が出ている。しかし、ここには折衷様式の仏殿はなく、そのようなものの痕跡もない。

　ところで、持って行った文献に戻るが、これにはすでに述べたように四子王廟として折衷様式と今回見た純チベット様式の経堂（四子王旗廟大経堂とキャプションあり）が出ている。ただし、よく読むと、このチベット様式の経堂は「四子王旗廟を見た後、草原を北上していくと」との説明があった。実は『中国古代建築技術史』（科学出版社、一九八五年）にも、四子王旗廟としてこの折衷様式の経堂は出ている。また、帰国後に分かったのであるが、『古建築遊覧指南』（中国建築工業社、一九八一年、訳本『中国建築・名所案内』彰国社）にもこの折衷様式の経堂（チベット様式ではない）の写真は出ていて、ここでは「シラムルン召」とされている。これは一体どういうことなのだろうか。折衷様式の経堂は四子王旗にあるのか（四子王旗で尋ねても分からなかったが）、それとも約六〇㎞も離れた红格尔苏木にあったのだろうか。この疑問は残ったままであるが、帰国後調べてみると意外な事実も明らかになった。シラムレン召では、一九三六年に抗日事件が起こり、当時の日本軍特務機関員二九名がここで殺されている（真下亨『内蒙華北　幻想紀行』鳥影社、一九九九年、にも記述されている）。ここは内モンゴル抗日運動の発揚の地でもあった。

右：シラムレン召
左：シリト召

　フフホトには旧市内に席力図召《シリト》と大召がある。両方ともチベット様式ではないが、シリト召の大経堂は蔵漢折衷様式の代表的な建物である。大召は明代（一五七九年）に建設され、フフホトでは最も歴史がある寺院である。

チベット建築の変遷

1 チベット建築の源流

チベット族はどこから来たのだろうか。古くから言われている説に、非漢民族の遊牧民、羌《きょう》族に起原を求めている説がある。羌族は紀元前、漢の時代の頃から中央アジア東部から中国の西北部にかけて放牧の生活を続けていた民族である。この民族が西南へと移動して、チベットの土着民と融合したとする説である。この他にもいろいろと説はあるが、近年、チベット高原各地で多くの遺跡が発掘されている。旧石器時代の遺跡や新石器時代の遺跡、新石器時代の遺跡では陶器や岩絵も発見されている。このことは、チベット高原は、以前は気候も今より温暖で、古くから人間の活動は行われていたと考えられる。

これらの発見されている遺跡のなかで最も重要なのがカム地方、チャムド（昌都）

旧石器時代遺跡：旧石器時代に属する遺跡では、中尼公路の定日、チャンタン高原の申扎、阿里地区の日土、蔵北の那曲などがある。

新石器時代遺跡：新石器時代遺跡では昌都の卡若遺跡、林芝遺跡、ラサの北の曲貢遺跡、ヤルツァンポ下流域の墨脱遺跡、山南地区の乃東遺跡などである。

のカロ（卡若）遺跡である。昌都の南一二㎞の所でおよそ四千～五千前の新石器時代の遺跡が発掘された。住居跡も多く残されていて当時の住居形式を知る手掛かりが得られる。遺跡は三層に分けられているが、最も古い下の層からは日本の竪穴式住居に近い形の遺跡が発見されている。外壁は日本の竪穴式と同じように地面からの木の垂木を掛けその外壁を、草を混ぜた粘土で固めている。二層目になると建物の屋根は陸《ろく》屋根となり、壁は木骨式［図4］、これは木の柱が入っている、草を混ぜた土壁である。そして半地下の部分であるが、木板を使った井桁（校倉）式の壁も見つかっている。最も新しい最上層部では壁の下部分が石壁となり、その上に木骨式の壁が使われるようになる。そして外壁の外に庇を支える外部柱もあったことが確認されている。また、これらには二階建が存在していたことも推定されている。この遺構で注目されるのは木骨式の壁であったことである。中国での諺に「墻倒屋不塌（壁は倒れても屋根は崩れ落ちない）」というのがある。これは中国建築の特徴をよく表している。中国建築は外壁に磚《せん》や土壁、版築（土を突き固めたもの）などを使うが、基本的には木造の柱・梁構造である。しかしチベット建築は、外壁は石積、日干しレンガ、版築などで、荷重はこれらの外壁と内部の木の柱で支えている（壁の中に柱は入っていない）。従って、チベット建築では壁が倒れれば屋根は落ちるだろう。このことは中国建築とチベット建築のかなり大きい違いである。

　これらのことから考えると卡若遺跡はチベットにおける住居建築の流れとしては捉えられても、次の石積造、多層建築である城塞建築の原型とはまだ結び付け難いところもある。

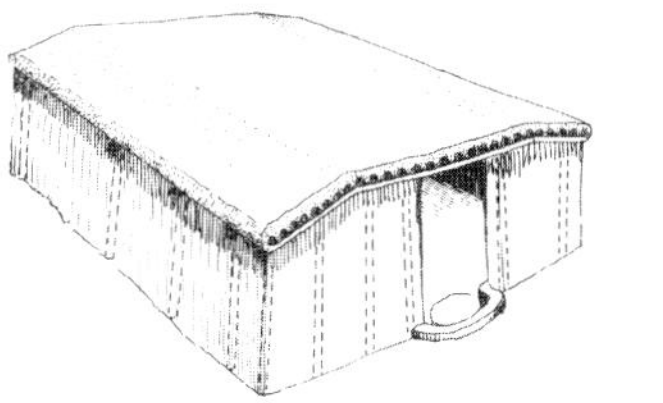

図4　カロ遺跡復元図

図5　カロ遺跡断面図

チベットの歴史前については先程述べたが、チベットが、伝説と神話の時代を経て、歴史的にもはっきりとしてくるのは七世紀頃からである。当時のチベットは吐蕃《とばん》と言ったが、ヤルルン渓谷の小国から、七世紀前半、ソンツェン・ガンポ王はチベットを統一した。

　この吐藩時代のことを記述した中国文献では「城」という語彙がよく出てくる。そしてチベット側の文献でそれに相当するのがカル（mkhar）である。チベット王家の谷と言われるヤルルンには今もユンブ・ラカンと言われる石積造の城塞が建っている。これはチベット最初の城と言われ、築かれたのは、紀元前一二六年との説もある。それは確かでないにしても最古の城塞の一つであることには間違いないだろう。そしてこのような城塞が各地に建てられていたと歴史書は伝えている。もっとも、ユンブ・ラカンは何度も再建されていて、現在あるのは文化大革命後、再建されたものである。

　ソンツェン・ガンポ王はラサに遷都するが、現在のポタラ宮の以前に、この場所、マルポリに王によって建てられた原ポタラ宮があったと言われている。文献によると「宮室は千あり、……王妃の宮殿は九層」とある。現在のポタラ宮に画かれている壁画にも原ポタラ［図7］として、塔状の宮殿が画かれている。

　ソンツェン・ガンポ王が建てたと言われる九層の宮殿がもう一つある。現在のラサ郊外、セラ寺の西北にあるパポンカ寺である。パポンとは「磐石」の意味で、現在では九層ではないが、大きな岩の上に円形の二層の建物が建っている。岩は洞窟になっていてソンツェン・ガンポ王も瞑想したと伝えられている。

　ところで、四川省西北部、大渡河上流および岷江上流域に嘉絨（ギャロン）チベッ

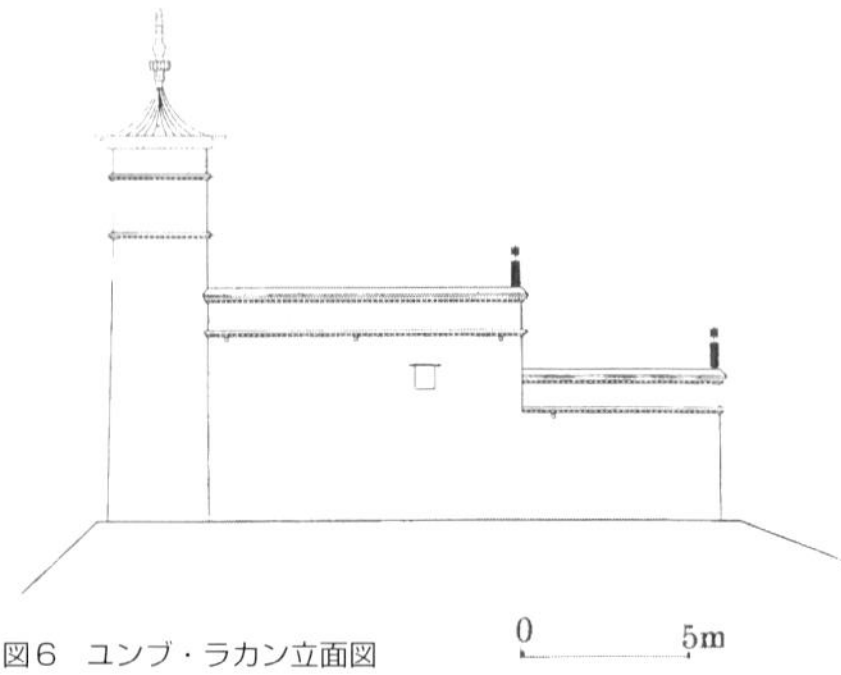

図6　ユンブ・ラカン立面図

図7　原ポタラ宮

ト族という一氏族が住んでいる。ここは千碉《せんちょう》の国とも言われ、現在も多くの石の塔（石碉・せきちょう）が建っている。現在の嘉絨（jia rong）の語源はチベット語のギェルモ・ロン、これは「女王の谷」を意味し古い歴史書には東女国として登場している。東女国はヤルルン王家とも血縁関係があったとも言われている。この石碉については五世紀の史書『後漢書』に「衆は皆な山に依り居止し、石を累ねて室と為し、高きものは十余丈に至り、邛籠《きょうろう》と為す」と書かれている。この邛籠とは石碉のことであり、現在見られるような石碉と同じような規模の石碉がすでに存在していた。

ギャロン・チベット族が住む丹巴県中路郷に新石器遺跡が発見されている。ここでは建築遺跡も発掘され、その遺構は石を積み重ねて壁を作る形状は現在見られる碉房や石碉と類似していると言われる。なおこの「碉房」という言葉は、中国文献ではよく使われていて、チベット建築などの石積壁住居を表している。この遺跡の年代はC14測定では今からおよそ三五〇〇年前と推定されている。石碉の出現は碉房よりは遅いだろうと言われるが、それでも二千年以前には遡ると言われる。

石碉文化は少なくとも二千年以上も前から存在し、この文化を持つ民族は、吐蕃のヤルルン王朝ともつながりがあったとすれば、ユンブ・ラカンが紀元前に建設されても不思議ではない。このことは、石碉建築はチベット建築の原型の一つと考えても差し支えないのではないか。そして九層の宮殿などがあったと文献に出てくるが、これもありえることである。ただこの九層とは大きな建物ではなく、搭状の建物だっただろう。

なお、この石碉はギャロン・チベット族だけでなく、この地方のチャン（羌）族でも行われてきた。現在でも石碉はチャン族の部落でも多く見られる。このチャン

写真2　中路郷新石器遺跡

写真3　丹巴の石碉

族は、先に少し述べた、羌《きょう》族の末裔である。

2 寺院建築の誕生

前述した七世紀前半にチベットを統一したソンツェン・ガンポ王は、唐とネパールから二人の妃を迎えている。唐の太宗の王女、文成公主とネパールの王女ティツンである。同時に、唐からは中国仏教が、ネパールからはインド仏教がそれぞれもたらされた。二人の妃は王の死後（六五〇年頃）にラサに最初の仏教寺院、ラモチェ寺とトゥルナン寺（大昭寺・通称チョカン）を建立した。

チョカン寺はティツンが亡き王の菩提供養と顕彰のために文成公主の協力を得て建立したとされている。ティツンはネパールから職人を招いて、その故郷、西の方角に向けて寺院を建設した。当時のネパールはリッチャビ王朝の黄金期に当たり、『旧唐書《くとうじょ》』に「宮中に七層楼があり、銅瓦で葺く」とあるように、チベットより都市文化が進んでいただろう。

チョカン寺は時代とともに増築されているので元の形は分かりづらいが、唐代の復元平面図［図8］を見ると当時は中庭形式で二階建てであった。これを例えばタキシラ遺跡のジョーリアーン寺院の平面図［図9］と比較してみる。この二つの平面図を見るとチョカン寺は明らかにこれらの仏教寺院をモデルにしているのが分かる。インドにおける寺院伽藍の基本構成はヴィハーラ（精舎）とストゥーパ（仏塔）であるが、僧院内部に仏像を安置するチャイティヤ（祠堂）を設ける例もある。チョカンはこのヴィハーラの形式を取り入れている。また、内部の古い柱頭、肘木

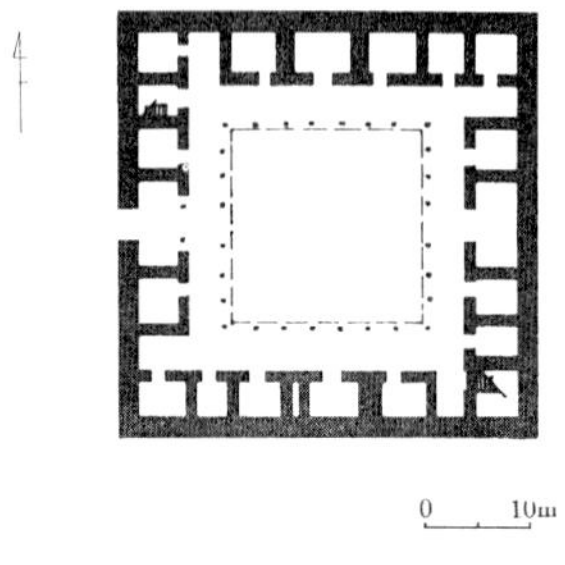

図8　唐代チョカン寺一階平面図

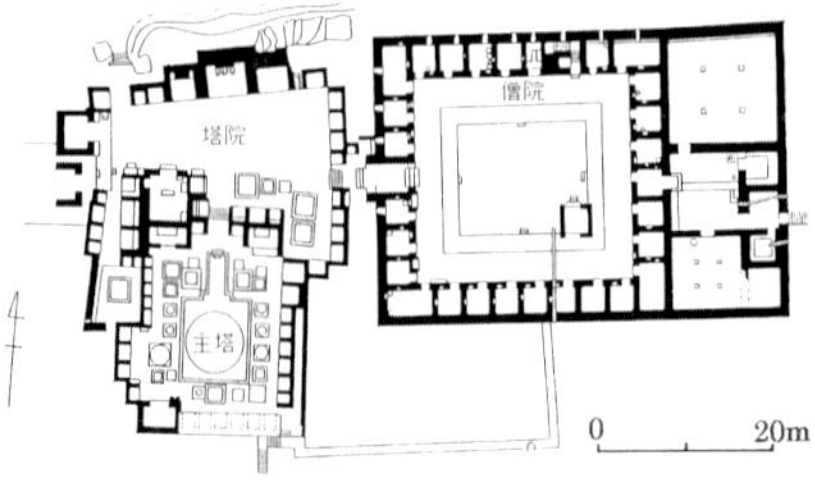

図9　ジョーリアーン寺院平面図

文成公主：640年にチベットに降嫁。チベットへの仏教導入に貢献

などは石窟寺院アジャンターの影響が見られる［図10］。

チョカン寺には文成公主が中国から請来したとされる釈迦牟尼像が本尊として祀られている。その本尊を祀る釈迦堂がトゥルナン寺の中心なのでチョカンの名前が付いている。チョカンとは、チョポ・シャキャムニ（釈迦牟尼像）のチョポ（尊者・仏）の建物（カン）で「釈迦堂」のことである。チョカン寺は現在でも、チベットの人々にとっては信仰対象の中心となっていて、多くの人々が巡礼にきている。中には五体投地をしながら、はるばる青海省などから来る熱心な巡礼者も見られる。

さて、もう一つのラモチェ寺であるが、正式名はケタプ・ラモチェ・ラカン。ケタプは「漢人の建てた」の意味で、文成公主が漢人の工匠を呼び寄せて造った漢式の寺院である。向きも文成公主の故郷、東を向いている。なおチョカン寺の釈迦牟尼像は、始めはラモチェ寺にあったと言われている。

チベットには「凶地魔女鎮圧寺院」という言葉がある。チベットの古い風水思想によればチベットの地形は魔女が仰臥［図11］している形とされていた。ソンツェン・ガンポ王は魔女を鎮めるために、魔女の四肢（手と足）の関節にあたるところに、七世紀の初め一二の寺院を建立したとされている。先ほどのチョカン寺はこの魔女の心臓にあたるところである。この魔女の左肩の所に位置するのが、タトゥク寺（昌珠寺）である。タトゥクとはタ〈鷹〉とトゥク〈龍〉の意味である。これにも言い伝えがあり、昔、この地には五つの頭を持つ龍が住んでいたが、それが大水を起こすので大鵬（想像上の大鳥）に退治させた。それで鳥と龍のタトゥクの名称が付いたと言われている。

図10　アジャンター石窟寺院（左）とチョカン寺の柱（右）

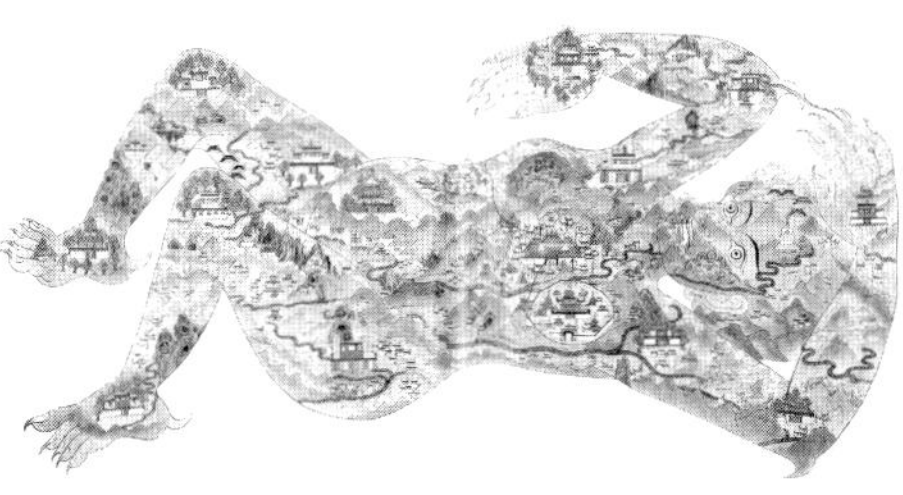

図11　魔女仰臥図

タトゥク寺はヤルルンの地、ユンブ・ラカンに行く手前にあり、文成公主も居住したと伝えられている。本殿はチョカン寺にも似ている。中庭がありその後が経堂になっている。しかし大きな垂れ幕の仕切り［写真4］はあるが、中庭と経堂を仕切る壁はない。したがってここには外気がそのままは入ってくる。チベットの自然は厳しい。特に冬期の勤行は楽なことではないだろう。寺院の使われ方、そのものの変化にもよるだろうが、後においてはチベット寺院も勤行などを行うドゥカン（集会堂・経堂）が主殿になってきている。しかし、タトゥク寺においては、まだこれらが明確な形とはなっていない。

もっとも、このタトゥク寺は一四世紀に大改築が行われ、その後にも改築が加えられているので、元の形とはかなり変わってきていると言われている。文革前の写真を見ると本殿の上には歇山式（入母屋）の屋根が架かっていたが、現在は無い。タトゥク寺は真珠のタンカがあることでも知られている。

ラサの東、墨竹工卡《メルドグンカル》に魔女鎮圧寺院として、もう一つ現存（再建）する寺院がある。魔女の右肩の所に位置するカツェル寺である。建物は古い形式を残していると言われ、現在はカギュ派の寺院になっている。

ただし、これらの寺院は必ずしもソンツェン・ガンポ王が建立したというわけではないだろう。なぜなら、チョカン寺も王の菩提を弔うために建てられている。

3　寺院建築の発展

チベット語にチョコル・スムという言葉がある。直訳すれば「三つの法輪」であ

写真4　タトゥク寺

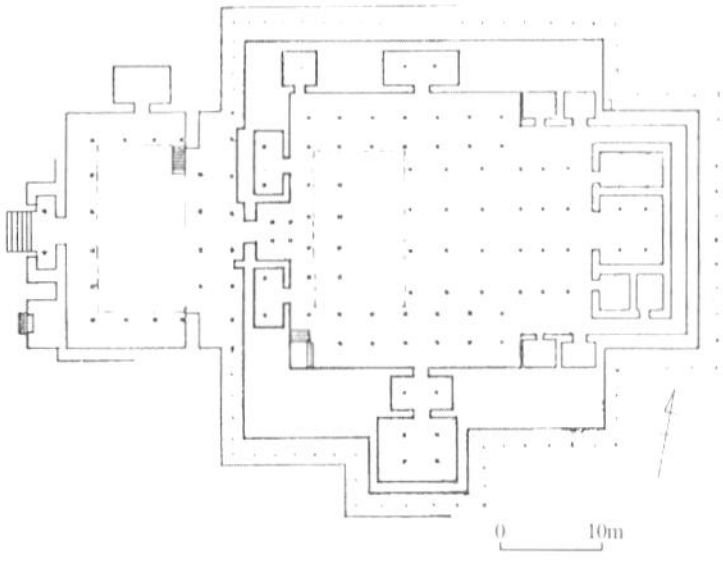

図12　タトゥク寺平面図

るが、これはチベットの三大古寺のことである。その三大古寺とは、一つはチョカン寺であり、一つはタトゥク寺、そしてもう一つはサムイェー寺である。そこで、三番目のサムイェー寺だが、この僧院はヤルツァンポ河の北岸にある。文革時に上部は破壊されたが今は修復され、対岸の渡船場からでもはるか遠くに伽藍の一部が見える。吐蕃王国の最盛期、ティソン・デツェン王がナーランダの学僧、シャーンタラクシタ（寂護）と呪術者パドマサンバヴァ（蓮華生）の協力を得て八世紀の後半、始めて修行の場として建設された僧院である。

　サムイェー寺はインドのビハールにあったオータンタブリー寺をモデルにしたとされ、仏教世界の宇宙観である須弥山《しゅみせん》の世界を伽藍配置によって表している（オータンタブリー寺は一三世紀の初めイスラム教徒によって徹底的に破壊され、現在は街の下に埋っているので、それがどのようなものであったかは分からない）。

　サムイェー寺は中心にある三層のウツェ本殿が須弥山そのものであり、その周りに東西南北の四つの大陸（四大州）を表す四堂がある。そしてそれらに、それぞれ二つずつ（八小州）の小堂が加わり、さらに日月の二堂、それに四つの仏塔で伽藍を形づくっている。そして外側をチャクリ（鉄囲山）と言われる城壁が取り囲んでいる。このチャクリは直径二〇〇mにも及び、現在は破壊されていた仏塔なども再現され、裏山の小高い所から見ると、これらの全体像を確認することができる。

　このサムイェー寺であるが、建築的に見るといろいろと興味深いところが多い。まずこの伽藍配置の特異性である。須弥山世界の考え方は仏教世界には広く伝播しており、特に東南アジアなどに広まった上座部（小乗）仏教はヒンドゥー教とも結びついて根強い。九世紀のカンボジアのクメール王国の寺院でも明確に須弥山

パドマサンバヴァ：（9世紀）チベット密教の祖。グル・リンポチェ（導師）とも呼ばれ、民衆にも尊敬されている。

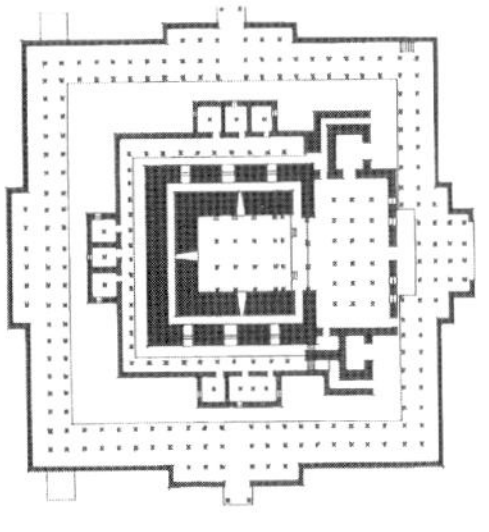

図-13　サムイェー寺平面図

写真5　サムイェー寺

世界の具象化が見られ、そしてそれは一二世紀のアンコールワットなどにもつながっている。また、セイロン系上座部仏教の入ったタイにおいても寺院構成は仏塔を中心とした須弥山宇宙観の表れである。チベットにおいてはサムイェー寺と、後で述べるンガリのトリン寺、それから後世になってからだが、承徳の普寧寺などにも見られる。

サムイェー寺はまた、センヤン（zan yang）とも言われる。これは中国語の三様（san yan）からきている。本殿の一層がチベット様式、二層が中国様式、三層がインド様式の木造によって造られているからである。ところで、一、二層の様式の違いであるが、あまりはっきりとは感じられない。ただし、サムイェー寺も何度か修復されている。三四〇年程前にも大火があり、現在あるのは、ダライ・ラマ六世以降のものと言われている。

三層目［写真7］の宝形状の屋根が架かっている木造部分であるが、ここは明らかに他とは違っている。しかしこの部分は先程も述べたように最近になって再建された部分である。以前と比較してどれだけ忠実に再現したのかは分からないが、少なくとも外観は古い写真と見比べても違いは見られない。ここで問題なのはこの部分がインド様式ということであるが、実はインドの仏教寺院の遺構を見てもあまりこのような様式のものは見当たらないのである。インドにおいては仏教寺院の多くは壊され、特に木造部分は何も残っていないのが現状であるが、石窟寺院などにもそれを思わせるものは何も無い。ただカシミール地方においては、現在においても木造屋根が多く見られる。サムイェー寺の三層部分はインドでもカシミールなどの北方の木造技術によって建設されたのではないかとも考えられる。

写真6　サムイェー寺全景

写真7　サムイェー寺ウツェ本殿

あるいは当時のネパールの技術によったのかも知れない。

もう一つ注目されるのは、先程少し述べた、建築物を取り囲んでいる城壁である。これは実は古いサムイェー寺を描いた壁画で見ると円形ではない。多角形の城壁になっている。そして今見られるような円形になったのは明代と言われ、城壁の上には一〇八の仏塔があったとも言われている。ただし創建時［図14］は東西南北の四州のお堂が入口となる多角形の城壁で囲まれ、今よりもこじんまりとしていたようである。これは現在でも確認できるトリン寺（次項参照）の配置と類似している。本殿の構成であるが、これにも特徴がある。外側を一辺約七〇ｍの回廊で取り囲みその中に本殿がある。そしてサムイェー寺においては経堂もはっきりした形で表われてきている。中心には仏殿があり、仏殿の外側には狭い通路・右繞《うにょう》する回廊がある。なおサムイェー寺においては七九四年にチベット仏教に大きな影響を与えたサムイェーの宗論が行われている。インドから呼ばれたカマラシーラと中国禅僧の魔訶衍《マハーヤーナ》との論争でカマラシーラ側が勝利し、以降、インド系の仏教がチベット仏教の正統と認められるようになった。

4 吐蕃王朝の分裂と仏教の復興

九世紀、吐蕃のランダルマ王は即位とともにチベット土着の宗教ボン教を保護し、大規模な廃仏を行う。その後、暗殺（八四六年）されるが、それに伴い隆盛を誇った吐蕃王朝も混乱期に入り、吐蕃王国は小さな地方国家に分裂する。一〇世紀の前半、ヤルルンの王の子孫は西に逃れてンガリ（阿里）やラダックに王国をつくる。

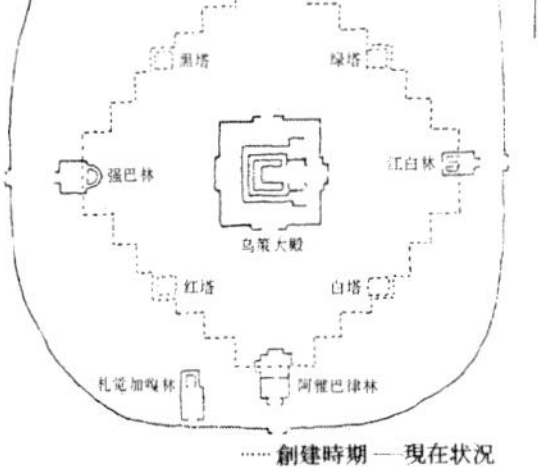

図14 旧サムイェー寺配置図

その一つがグゲ(古格)王国である。ところでチベット西部であるこの地方、現在のラダックからグゲあたりまでには吐蕃王朝ができる前から、古いチベット文化の一つ、シャンシャン文化があったと言われる。ボン教もここが発祥の地とされている。

グゲ王国は七〇〇年ほど続き、一七世紀中頃(一六三〇年)戦乱で滅んだ。現存するグゲの遺跡はグゲ王国の後期のものと言われているが、初期の頃の仏教寺院が残っている。それは前章でも触れたトリン寺(托林寺)である。

トリン寺はサトレジ河(象泉河)河畔、トリン(現在名はツァンダ・札達)に建っている。グゲ王国の僧王であったイェシェー・ウーによって一〇世紀末、仏教復興のためにこの地に初めて建てられた寺院である。偉大な翻訳官として知られるリンチェン・サンポがこの寺の僧院長の時に、アティーシャがここで主著「菩提道灯」を著している。トリン寺で最も重要なのは、ギャセル殿[写真P61]である。この建物は二重になっていて、中央の主殿は須弥山を表し、その東西南北、四方向には四大州を表す殿堂があり、その周りを回廊が取り囲んでいる。そして外側の建物の四隅には四天王を表す塔が建っている。これはサムイェー寺の形式と似ている。この外には、弥勒殿、十八羅漢殿、白殿、集会殿、護法神殿などがあったが、その多くは文革寺に破壊された。

一一世紀になると仏教寺院もまた各地に建立されるようになる。なおチベットでは仏教の復興後を後伝仏教とし、吐蕃時代のランダルマ以前の仏教を前伝仏教と区別している。

中央チベットのツァン地方サキャにサキャ派の創始者の一人、クンチョク・ギェ

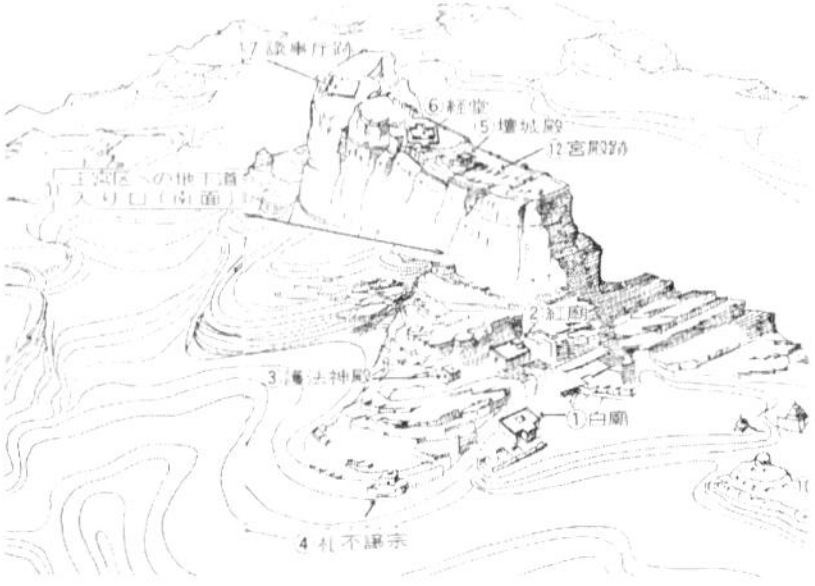

図15　グゲ王国遺跡全体図

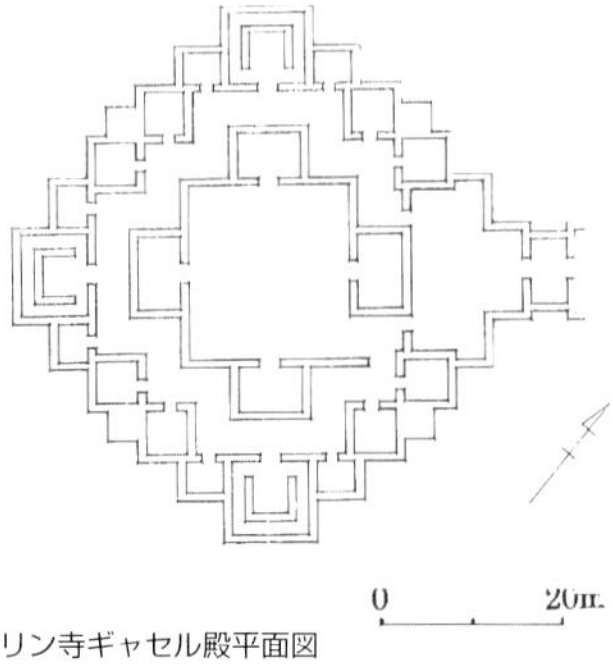

図16　トリン寺ギャセル殿平面図

ルポが一〇七三年にサキャ北寺を建立している（文革時、完全に破壊される）。サキャ（sa skya）とはサ「土」、キャ「灰白色」でこの寺が建っている場所（岩山）が白っぽい土だったことから名付けられている。サキャ派はその後、元朝をたてたモンゴルと結んでチベットでの覇権を握る。モンゴルの国師となったパクパの代にサキャ南寺が建設された。こちらは現在も残っている。サキャ南寺［図17］の一番大きな特徴は南北二一〇m、東西二一四mの二重の城壁で囲われていたことである。高さ八mの城壁の四隅には角楼があり、入口には門楼がある。この城壁の外にもう一つ低い土壁があった。城壁の外には幅八mの濠もあったが、現在は埋められている。中心の大殿には、四〇本の大きい円柱があるが、特にその中の四本は有名で直径約一・三mもあり、元の皇帝から賜った柱など、名称が付けられている。サキャ寺（サキャ派）には外見上の特色がある。それは寺院だけでなく民家でもサキャ派を信仰する人々の建物の外壁は、紅、白、藍の三色に塗られていることである。これはサキャ派のシンボルカラーである。また、サキャ寺には多くの経典や、優れた曼荼羅の壁画も多く残されている。

　シャル寺はシガツェから車で三〇分ぐらいのところにある。創建は一〇八七年と言われているが、一三二九年に大地震を受け倒壊し一三三三年に再建された。従って元代の建物である。この建物の最大の特徴は蔵漢折衷様式であることだろう。外壁はチベット様式であるが、屋根は歇山式の瑠璃瓦の屋根が架かっている。瓦屋根はチベット本土では珍しい。また、広い空間を得るための柱の「減柱法」などの当時の営造法式が取られている。これらの事はその時の中国、元朝との強い結びつきを物語っている。また、美術的にはネパールなどの絵師も招かれたので、壁画は、

リンチェン・サンポ：（958〜1055）偉大な翻訳官であると同時に、グゲ、スピティ、ラダックなどに多くの寺院を創建している。

減柱法：広い空間を得るための一種の造営方式。宋・元・明時代によく行われた。

写真８　シャル寺

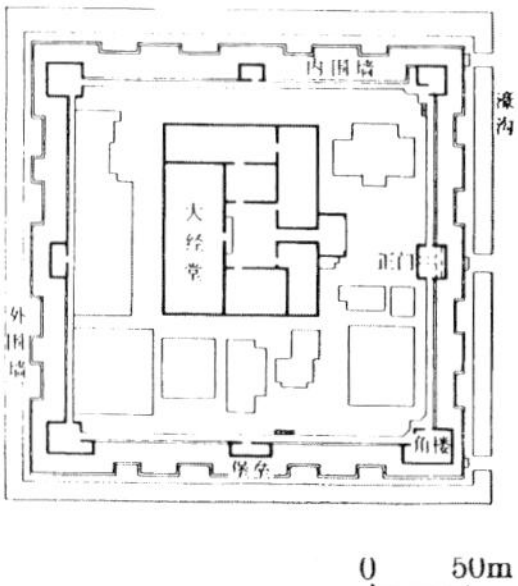

図17　サキャ南寺配置図

中国、ネパール、インドの様式が融合したユニークなものになっている。シャル寺はまた、『プトン仏教史』など、多くの著作を残した大学者プトンが管主であったことでも知られ、プトンはこの寺を中心としてシャル派（プトン派）を形成した。

シガツェの南南東約九〇㎞のところにギャンツェがある。パンコル・チューデ（白居寺）はギャンツェ・ゾンと峰続きの山麓、ニンチュ河畔に城壁でかこまれた敷地に、かつては多くの堂塔が点在していた。しかし、現在残っている主なものはツォクチェン（大経堂）と大仏塔（パンコル・チョルテン）の他、わずかに残っているだけである。なおパンコルとは「吉祥輪」でチューデは「寺院」のことである。この寺院を最も有名にしている大塔（クンブン）は一四一四年に建設が始まり一〇年で完成した。塔座の床面積は二二〇〇㎡、高さ約四〇m、四面八角（実際は二〇角）、塔座は五層、全体では九層、内部には七六仏龕、また一〇八の門（窓）がある。なおクンブンとは「十万仏」のことで青海省のタール寺（クンブン）と同じ意味である。この寺院は、最初はサキャ派の寺院だったが、その後ゲルク派など各派が勢力を及ぼすようになり、ついには各派が共存するようになった。この寺院で最初に建てられたのはツォクチェンで一三九〇年に建設が始まっている。ツォクチェンは三層の建物で真中にあるのが四八本の柱のある経堂、その周りを三つの仏殿が囲んでいる。

5　大規模寺院の誕生

元朝の衰退とともに、サキャ派の勢力も弱くなる。次に力を持ったのがパクモ・

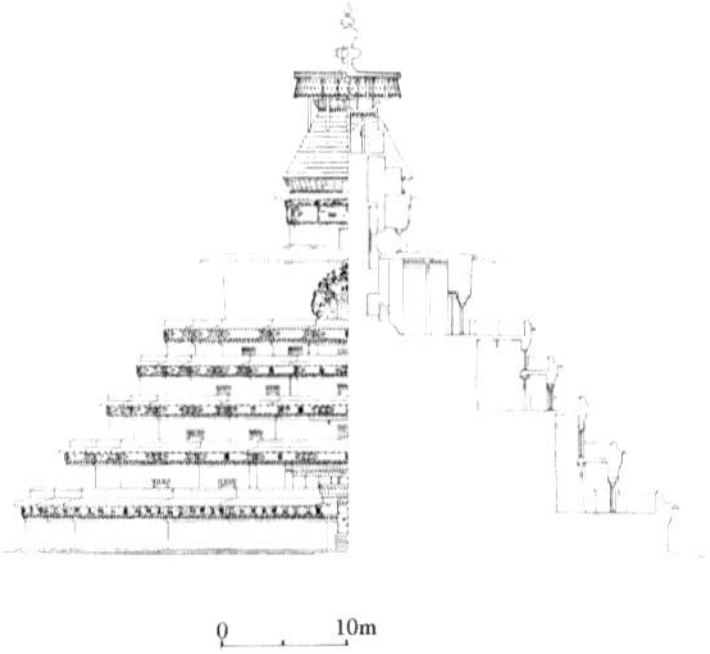

図18　パンコル・チョルテン断面

写真９　パンコル・チューデ大経堂

ドゥ派で、明朝ともつながる。このパクモ・ドゥ政権期の一五世紀初めにツォンカパが出てゲルク派を起こす。ゲルク派の僧院デプン寺の貫主であったソナム・ギャンツォが、その後モンゴルのアルタイ汗よりダライ・ラマの称号が贈られる。ゲルク派は黄帽派とも言われ、ダライ・ラマ政権とともに大きな勢力を持つようになり、大寺院の建設が行われる。ラサ三大寺と言われる、ガンデン寺、デプン寺、セラ寺、さらにゲルク派四大寺と言われるのは、これらにシガツェにあるタシルンポ寺が加わる。これらはすべて一五世紀初めから中頃までに建設された。

ガンデン寺は、ラサ東約六〇㎞、標高四三〇〇mのところにある。ゲルク派の総本山で一四〇九年に開祖ツォンカパ自身によって開かれた。この寺院は寺院群が山の斜面にそって尾根筋まで達している。これはデプン寺やセラ寺には見られない雄大な景観である。しかし、ガンデン寺は文化大革命で徹底的に破壊された。現在は再建が進み往時の姿を取戻しつつある。

デプン寺はラサの郊外、北西八㎞ほどのところにある。一四一六年ツォンカパの高弟によって創建されたゲルク派の大僧院である。チベット最大の学問寺であり、かつては僧徒数七七〇〇名、七つの学堂（タツァン）があった。このような大僧院は一種の総合大学のようなもので、学堂は大学の学部にあたる。なお七つあった学堂は、一八世紀以降はロセリン、ゴマン、デヤン、ガクパの四つの構成となった。これに大経堂（ツォクチェン）を持つ。大経堂は門廊七間、堂内には一八四本の柱、面積一八〇〇㎡、七〇〇〇名程の僧侶を収容できた。デプン寺にはガンデン宮殿があるが、ここはダライ・ラマ五世がポタラ宮・白宮を建設する前に居住していたところである。

ツォンカパ：（1357～1419）ゲルク派の開祖。チベット仏教の大改革者。

パンチェン・ラマ：ダライ・ラマに次ぐチベット第二の法王。

写真10　ガンデン寺全景

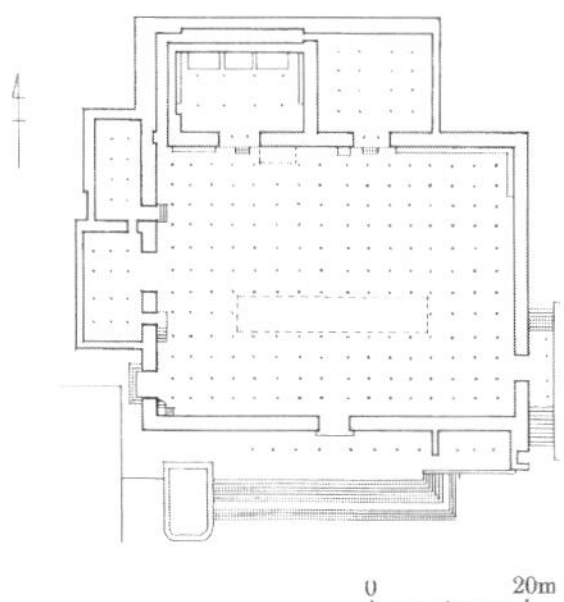

図19　デプン寺大経堂平面図

セラ寺はラサの北三㎞ほどの山麓にある。一四一九年ツォンカパの高弟により創建された。僧徒数五五〇〇人（実際には六〇〇〇～七〇〇〇人が修学していたと言われている）。三つの学堂、チューパ、ガクパ、メーパの学堂と大経堂を持っている。セラ寺は今世紀の初めに河口慧海、またその後、多田等観も修学していたことでも知られている。

タシルンポ寺はシガツェ西方の山麓にあるゲルク派の大僧院である。ツォンカパの弟子で後にダライ・ラマ一世と贈名されたゲドゥン・トゥプによって一四四七年に創建された。その後、ここはパンチェン・ラマの居となり、歴代のパンチェン・ラマが座主を務めてきた。広大な敷地に大経堂、パンチェン公署（官庁）、パンチェン霊塔殿、弥勒殿、四学堂などがある。近年では十世パンチェン・ラマの霊塔も造られた。タシとは「吉」でルンポは「須弥山」の意味である。

これらの大寺院はあまり秩序だって建てられてはいない。共通点といえば北側が山を背に建てられていることだろうか。

ところでこれらの寺院で共通する建築物を見てみよう。まず学堂（タツァン）がある。これは大学であれば学部にあたるとは述べた。セラ寺には三つの、デプン寺には七つの学堂があった。そしてその集会堂がドゥカンである。このドゥは「集まる」の意味である。なお、ここで集会堂といったのは中国文献では「経堂」という言葉を使っている。また、わが国の文献ではラダックなどの集会堂を「勤行堂」という名称でも呼んでいる。同じような意味でツォカンという言い方もある。例えばラダックのヘミス・ゴンパ［図21］ではドゥカンとツォカンが二つ並んでいる。タツァンが大学で言えば学部と言ったが、学部を超えて一同に集まる場所も必要になっ

図20　タシルンポ寺（ヘディンのスケッチ）

写真11　セラ寺階段入口

てくる。それが大経堂でツォクチェンまたはツォクチェン・ドゥカンともいう。

僧徒が生活する所はカムツェンである。これは僧徒の出身地によって一つの学寮を作っているようなもので、デプン寺には五〇余りのカムツェンがあったと言われている。なお、年少の組織はミツェンである。そしてラマの住まいはラプランである。このような各建築物が寺院に共通するもので、その他にそれぞれ仏殿などを持ち大寺院を構成する。なお中国語文献では、これらのチベット語の中国語表記は次のようになる。タツァン（札仓または扎仓）、ドゥカン（杜康または都康）、ツォクチェン（錯欽または措欽）、カムツェン（康村）、ミツェン（弥村または米村）、ラプラン（喇让）。

先に、一五世紀にはゲルク派が大きな勢力を持つようになったと述べたが、チベット仏教には主な宗派として四大宗派がある。四大宗派とはニンマ派、サキャ派、カギュ派、それにゲルク派である。最も古いのはニンマ派（古派）でこれは、サムイェーの創建にも協力したパドマサンバヴァが開祖である。ニンマ派は吐蕃時代（前伝仏教）の流れを継承していると言われている。一一世紀にはクン氏のクンチョク・ゲルポがサキャ派を開いている。サキャ派は元朝とも結びつき一時は大きな勢力を持った。カギュ派は密教行者ティローパを開祖とし、マルパ、ミラレパへと継がれていく。カギュ派は時代が進むにつれて分派していくが、その中に、パクモドゥ・カギュ派、カルマ・カギュ派などがある。

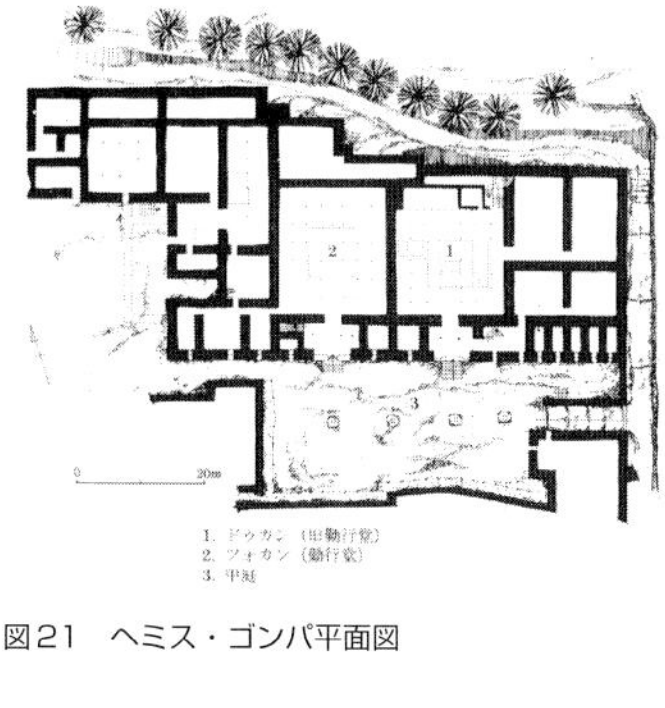

図21　ヘミス・ゴンパ平面図

6 ポタラ宮とゾン

ポタラ宮がチベットを代表する建築であることには異存は無いだろう。しかし、その建築技術や建築物の役割・機能は突然できたものではない。そこにはゾンの存在がある。ゾンとは行政・司法・寺院も同居したチベット独特の複合建築である。

ところで、チベット、ブータンに関心がある人にとってゾンと言えば、ブータンのゾンをまず思い浮かべるのではないだろうか。ブータンのゾンは、一七世紀にブータンを統一したシャブドゥン・ガワン・ナムゲルがその制度を導入した。そして一六二七年に最初のゾン、シムトカ・ゾン［写真12］を建設する。その後各地にゾンを造り、主要な谷には必ずゾンがあるほどとなった。そしてそれは現在でも、戦略上の役目はないにしても機能を持ち続けている。ティンプーのタシチェ・ゾンは一九六六年に大改築されているが、これは現在もブータン国政の中心である。ゾンの最大の特徴は日本の城などと違って寺院を含んでいることである。これはチベットの政教一致の政治形態からくるものだろう。

それではチベットのゾンはどうであろうか。ゾンはチベット語で rdzong であるが、元々の意味は「城堡」である。チベットにゾンの制度を取り入れたのは当然ながらブータンよりは古く、一四世紀の中頃、パクモドゥ派の時である。ゾン（宗）は一つの行政単位でもあり、まず一三のゾン政府を設置したとされている。なお、行政単位としてのゾンは、その後も長く続き一九六〇年に「県」に改められるまで続いていた。現在でも県のチベット語訳は rdzong を使っている。

写真12 シムトカ・ゾン

チベット建築のカテゴリーの一つに「宗山建築」というのがある。この最初に出てくるのが、チベット最初の城塞と言われるユンブ・ラカンである。次にグゲ（古格）王宮遺跡、そして、いわゆるギャンツェ・ゾンなどのゾン建築、最後がポタラ宮である。建築的にはこれらは一つの体系として考えられる。

チベットのゾンとして最も一般的に知られているのは、ギャンツェ・ゾンであろう。ギャンツェ・ゾンの始まりは一四世紀にさかのぼる。ギャンツェはネパール、ブータン、シッキムへの要衝であった。そして一九〇四年のヤング・ハズバンド率いる英軍との戦闘の舞台となったのもこのゾンである。ギャンツェ・ゾンはギャンツェの街を見下ろす丘の上にあり、白居寺からもよく見えるこのゾンには、ゾン政府、仏殿、経堂、監獄、倉庫、砦などがある。この他にはシガツェ・ゾン、それにツェタンの蔵王墓から村の背後の山に見えるチョンゲ・ゾンなどはよく知られている。この城（チョンゲ・ゾンの前身）の起源は古く、吐蕃の頃と言われるが、ゾンとしてはやはり一四世紀にさかのぼる。その後、衰退するが、一七世紀、ダライ・ラマ五世の出身地ということもあって宮殿や砦が造られ、山南地区最大のゾンとなった。

それではポタラ宮であるが、ポタラ宮の名前は観音菩薩の住処、補陀洛《ふだらく》に由来している。ポタラ宮はチベット語ではpotalaであるが、もう少し丁寧に言えば、ツェ・ポタラである。このツェとは「最高の」という意味であり、また、ツェ・ポタンともいう。このポタンとは「王宮」を表わし、これは「最高の王宮」を意味している。

ポタラ宮の起源については不明な点も多い。「チベット建築の源流」で述べた原

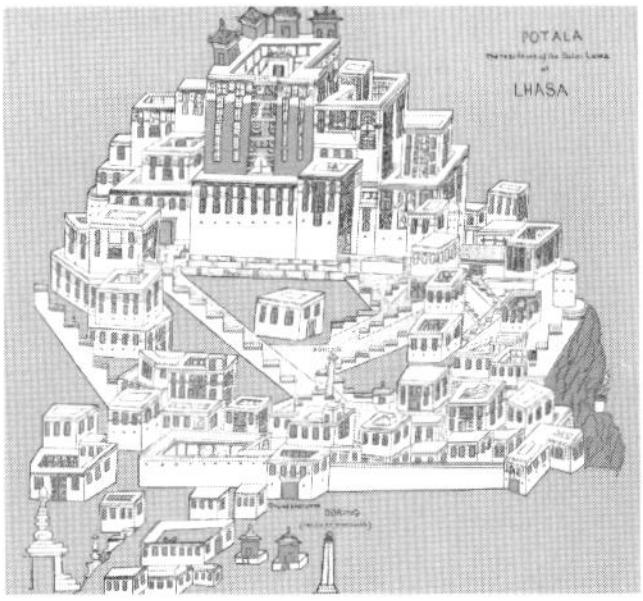

図22　ポタラ宮（Das,S.C. "Journey to Lasa and Central Tibet "）

写真13　ギャンヅェ・ゾン

ポタラ宮はソンツェン・ガンポ王の次のマンソン・マンツェン王の時とティソン・デツェン王の時の兵火と落雷で大部分が焼失した。そしてランダルマ王の時に少し残っていた王宮も破壊されたとされている。

それでは現在のポタラ宮であるが、これは史実としてもはっきりしている。ポタラ宮はダライ・ラマ五世と摂政サンギェ・ギャンツォによって造られた。ダライ・ラマ五世はポタラ宮に移る前は、デプン寺のガデン宮殿に住んでいた。五世は昔、王宮があったとされるラサのマルポリの丘に一六四五年宮殿の造営を開始した。これは白宮、ポタン・カルポを中心とするものであった。この白宮はデプン寺のガデン宮殿をモデルにしたと言われ、三年で完成している。五世は一六八二年に没するが、摂政サンギェ・ギャンツォは五世の死を一五年近くも隠し、その間に五世の廟堂を含む紅宮、ポタン・マルポを一六九〇年から一六九五年、五年間かけて大増築を行った。このようにポタラ宮は五〇年の歳月をかけて造られたのであるが、実質的には一〇年も満たない期間で造られている。

現在のポタラ宮は東西約三七〇m、高さ約一一〇m（一一七・一九mの数値もある）の記載が多い。ただし、この高さはマルポリの丘の下からの高さである。それに何階建てかも、傾斜地に建っているため数えるのが難しい。一三層とも言われるが、文献『布達拉宮』の平面図では、白宮が六層まで、紅宮で九層までの平面図が出ている。なお下層部はいわゆる地龍壁の造りである（地龍壁とは厚い壁が並んで配置され、その間隔は垂木の長さの二mぐらい）。

ポタラ宮は大きく分ければ、白宮、紅宮、それに西側にある僧侶の住居、タシャに分けられる。それに白宮の前の大きな広場、デヤンシャルがある。このデヤンと

ダライ・ラマ五世：（1617〜1682）チベットの宗教と政治の権力を一手に握り、ダライ・ラマ政権を確立。

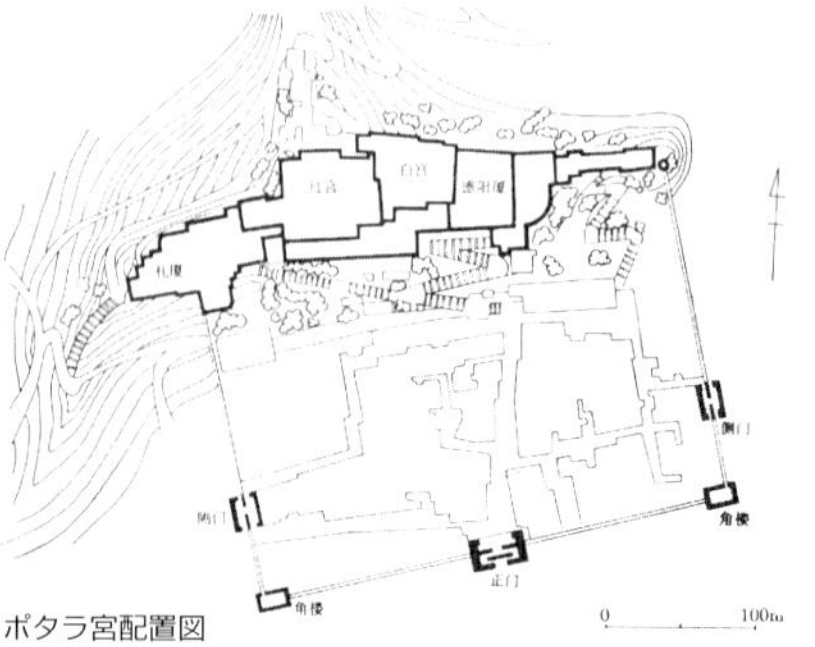

図23　ポタラ宮配置図

は「中庭」でシャルは東なので「東中庭」の意味である。この中庭は一三〇〇㎡の広さがある。この中庭から白宮に入るには大きな階段、スムケがある。このスムは「三」でケェは「階段」であるが、この真中がダライ・ラマの通路となり、両側が一般の通路となっているので、このような名称が付いたと思われる。白宮の中で最も大きい部屋は東大殿である。この部屋は四四本の柱があり、四三二㎡の広さである。白宮はこのような大広間、会議室、ダライ・ラマの居室などで、政権の機能を担う部分である。これに対し紅宮には歴代ダライ・ラマの廟塔、仏殿などがあり、宗教儀礼をつかさどる。紅宮の最大の広間は西大殿である。大殿は四四本の柱があり、七二六㎡の広さである。なお、この広間は「生死涅槃円満」という意味の名前が付けられている。紅宮には五つの霊廟がある。これらはダライ・ラマ五世、七世、八世、九世、十三世のものであり、その上に歇山式（入母屋）のいわゆるギャピプ（漢式屋根）が架かっている。ただこれらの屋根は霊廟のある空間と繋がっているのではなく、一度、天井の床（屋上）を造って、その上に乗っている形をとっている。この他に紅宮には六角形の漢式屋根が二つある。これらは聖観音堂とラマ堂のものである。

紅宮は補陀洛の宮殿、観音無量宮とマンダラの影響を受けて建てられている。観音無量宮の高さと底辺の比は3／5、紅宮の底辺と高さも、3／5の比に近い［図24］。また西大殿の肘木、五世ダライ・ラマ霊廟、仏殿の壁は白、黄、紅、青に塗り分けられている。これはカーラチャクラ・マンダラの方位の色によっている。

ポタラ宮には半円形の砦のような建物が東西南北にある。これは砦でもあるが、護法神殿を持っている。このような護法神殿があるのは、ゾンの特徴でギャンツ

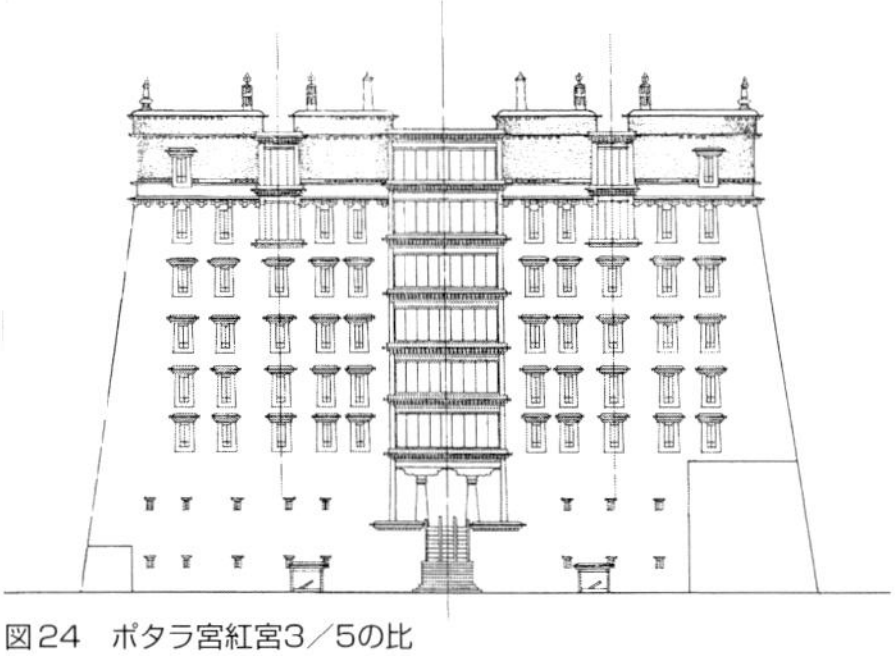

図24　ポタラ宮紅宮3／5の比

写真14　ポタラ宮白宮

ェ・ゾンでも多角形の護法神殿を見ることができる。

紅宮の建設時には一日七〇〇〇人もの人が働いていたとの記録がある。これはまさに大工事である。日本においてポタラ宮の建設工事と比較できるのは、一六世紀頃盛んに行われた城の建設であろう。大阪城築城には、最盛期一日、三万人動員したとされている。しかし、チベットのような高地で、このような工事を行ったことはやはり大変なことである。ポタラ宮の壁画に築城の様子が描かれている。石材は川を皮舟（ゴア）で運び、その後は人が背負って運んでいる様子が延々と描かれている。木材も皮舟で運んでいるのが描かれている。木材の伐採地としては林芝地区の工布江達《コンポギャムダ》県・工布（ラサの東方二二〇㎞余）、山南地区のチョンゲの南、ヒマラヤにも近い錯那《ツォナ》県・覚拉（ラサの南方二〇〇㎞余）などがあった。

7　チベットの民家

チベット文化圏は広く、チベットの民家と言っても一概には言えない。ただ、東チベットの民家は地域によって様式に変化があるが、他の地域はそれ程変化がないとは言えよう。チベットの民家は基本的にはその土地で得られる材料で造る。ただし、柱、梁の木材は他のところから運んでこなければならない場合も多い。民家は、一般的には二～三階が多いが、勿論、平屋もあり、四階建てもある。例えば三階建ての場合、一階は家畜小屋、貯蔵庫、二階は居室、寝室、三階に経堂（仏間）、そしてテラスが付く。テラスは作業場であり、穀物などを干すのにも使う。そして、中庭を持つ場合が多い。中庭を持たない場合でも庭は持ち、周りは版築・日干

図25　石を背負って運ぶ（ポタラ宮造営）

図26　石を皮船で運ぶ（ポタラ宮造営）

しレンガなどの塀で取り囲む。庭には一ヶ所だけのしっかりした門（出入り口）がある。庭は作業する場であり、また、自然環境、防犯上からも家屋を守る。

チベットは自然環境が厳しいため、民家の造り方の一つとして、「三防、四用」ということが言われる。三防とは三つを避けること、防寒、防風、防震であり、四用とは四つを用いること、用風、用光、用地、用寒である。三防は分かり易いと思うが、壁は厚く、開口は少なく、階高も低く、ということになる。風に対しては、開口（窓）は南向きに取り、北側には設けない、西の窓も小さくする。テラスを設ける場合は北風を防ぐため北西側に経堂、寝室などを設ける。四用は少し分かりずらいが、風はテラスなどで穀物のカス（殻）などをふるうのに利用する。光は天窓の利用、これは外壁にあまり窓が造れない場合、有効な手法である。用地は、その場で手に入る資材を用いること、また、地勢の利用も含んでいるようである。用寒は便所だけを外壁から外に出す。糞坑は外にあるのだが、乾燥寒冷のため匂いは住居内には入って来ない。なおこのような便所の造り方は東チベットで多く見られる。

室内で最も主要な部屋は居室、経堂（仏間）である。居室は家族の集まる場であり、居間、食堂でもあり、炉（火塘・メタプ）がある。炉は一日中、生火があり、暖をとるのはこの部屋だけである。部屋の壁には収納用の棚が造られている。床には高さ二五cm程度、幅八〇～九〇cm、長さ約二mの長椅子風のものが壁沿いに置かれている。上には絨毯なども敷かれ、昼間は椅子に、夜はベットになる。仏間は民家でも立派に造られている場合が多く、しかも、建物内でも良い位置に造られている。チベット人は日常的に読経や礼拝を行い、さらにラマ僧を呼んで法要

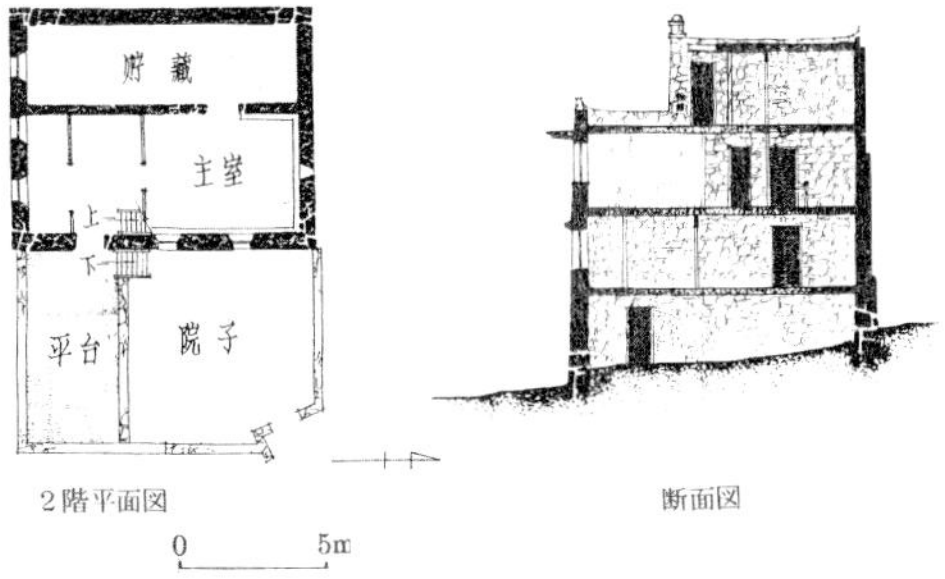

図27　東チベットの民家（マルカム）

を行うなど、チベット仏教とは日常生活においても深く結びついている。
　東チベットの民家を見てみる。東チベットのカム地方は、幾つかの大河が流れ、中でも長江（金沙江）は、雅礱江《ニャクチュ》、岷江などの支流となり、また、瀾滄江《ザチュ》（メコン川）、怒江《クルチュ》（サルウィン川）などが険しい地形を作っている。このため隣の集落に行くのも四〇〇〇m以上の険しい峠を超えていかねばならない。今でこそ車で行く道路もできているが、以前は大変なことであっただろう。この地域では、峠を越えて隣の集落に入ると、家の造りも少しずつ違う場合が多い。このような造り方の変化は地形上のこともあっただろう。

　東チベットの民家は中央チベットや西チベットの民家に比べて、家の造りが大きい。これはやはり豊かということである。壁は石積造、版築、日干しレンガであるが、東チベットでは石積造が多く見られる。その他に、東チベットで特徴的なものは校倉壁（井桁壁）の使用である。

　中央チベットや西チベットなどで見られる、屋根（屋上）の上に燃料となる灌木などを積み上げている習慣は見られない。この部分は屋根の垂木を外壁より出し庇のようにしているのも見られる。また、一部の地域では立ち上がりの押さえ（笠木）に草原の表土（草付［写真15］）を使っている。外壁の外に穀物を干すベランダを付けているのも見られる。このようなベランダは壌塘《ザムタン》地方に多い。

　壌塘には「蔵族民房之王」［写真16］と言われる石積造の九階建ての民家がある。高さは二五m、北側は下から真直ぐに立ち上がっているが、南側は上にいくに従い床面積は小さくなり、最上部は六分の一の面積である。そして、外壁の外にはこの地域で見られる穀物を干すベランダ付けられている。また、外壁には部分的に横

写真15　屋根に使われる表土（理塘・曲登）

写真16　蔵族民家の王（ザムタン）

蔵族民房之王：「日斯満巴」（この家の名称）、明清時代に建造。ただし最近、建替えられた。

架材を入れている。このような手法は他の地域でも時々見られる。

民家とは少し違うが住居を目的としたものの特殊な例として荘園建築がある。元朝末期、パクモ・ドゥ派が勢力を持つに従い封建領主制が確立してくる。ここに先程も述べたゾン建築と荘園建築がある。チベットの荘園は貴族、官庁、寺院に属していたが、大きいものはゾン（宗）の代行機能もあった。荘園建築で代表的なものには、山南地区ツェタンにある囊色林《ナムセリン》荘園がある。ここの建物は、内周壁、外周壁、外濠も持ち、主楼は七階建て二一mもある。ただし一部を除いては実質的には六層で入口が三階のようであるが二階に入る（一階は階高の高い地龍壁）。三階には一二本の柱のある経堂もある。それに一般では使えないペンマを使用した女児壁（「女墻・パラペット」参照）も見られる。

8 チベットのテント

一〇世紀の史書『旧唐書《くとうじょ》』には「その人民たちのある部分は、牧畜に従事していて、その居処を一定しない。しかしながら、かなり城廓が存在している。……貴人は大きな天幕にいるが、これを名づけて拂盧《フル》という」と書かれている。また、『新唐書』では「大拂盧は、数百人は容れる。……部人等は小さな拂盧に住む」ともある。

ここにもう一つのチベット建築の形式としてのテントの存在がある。チベットは現在においても見られるように農耕定住社会と遊牧移住社会の二面性を持っている。遊牧民は中国語で「遂水草而居」（水と草のある所を求めて住む）ので、テン

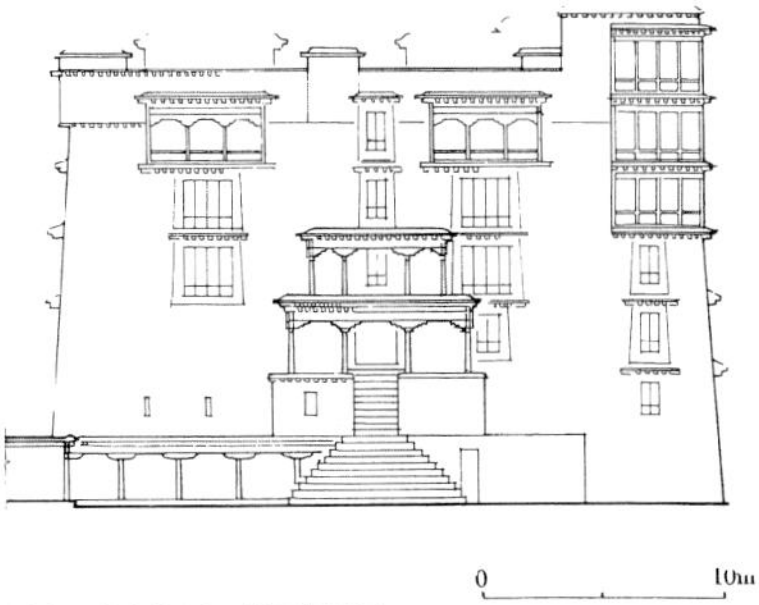

図28　ナムセリン荘園立面図

トはなくてはならない住居である。ただし、先の記述は、チベット人が祝い事や休暇の時などに、屋外でテントを張って楽しむのを、普段の生活形態だと思って誤って記述したのではないかという説がある。いずれにしても、テントがチベット人にとって有史以来、もう一つの変わらない建築形態であったことは間違いない。チベット文化圏に入ったということは、遊牧民のテントを見ることで実感するのである。

西寧からラサへの道、青蔵公路を行くと、青海湖の手前に日月山が位置する。ここは唐の昔から中国とチベットの分岐点であった。それは現在も変わらず、山を越えると遊牧民とテントが見られるようになる。また、西の新疆ウイグル自治区カシュガルからラサへの遥かなる道、新蔵公路でも多瑪《ドマ》あたりから遊牧民の黒いテントが見られるようになる。

遊牧民の黒いテントはヤクの毛を編んだフェルトで出来ている。大きさは各辺四～七mの長方形か正方形であるが、多角形もある。内部の高さは約一・六～二mで、中に数本の支柱がある。頂部中央には天窓があり、通風、採光、排煙の機能を持ち、夜間や降雨時には閉めることができる。中央にヤクや羊の糞を燃料とする土炉がある。チベットのテントの特徴は外部にも支柱が立っていることである。この方式はチベット族独自のものである。外部に支柱を立てることにより、テント内の支柱の横への引っ張り力を調整することが容易になり、天井幕を水平に、また、側幕を垂直に吊るすことも可能になる。これは同時にチベット高原の強風にも耐えうる構造でもある。

ところで、チベット語でテントは、クル (gur) または、タ (sbra) という。このク

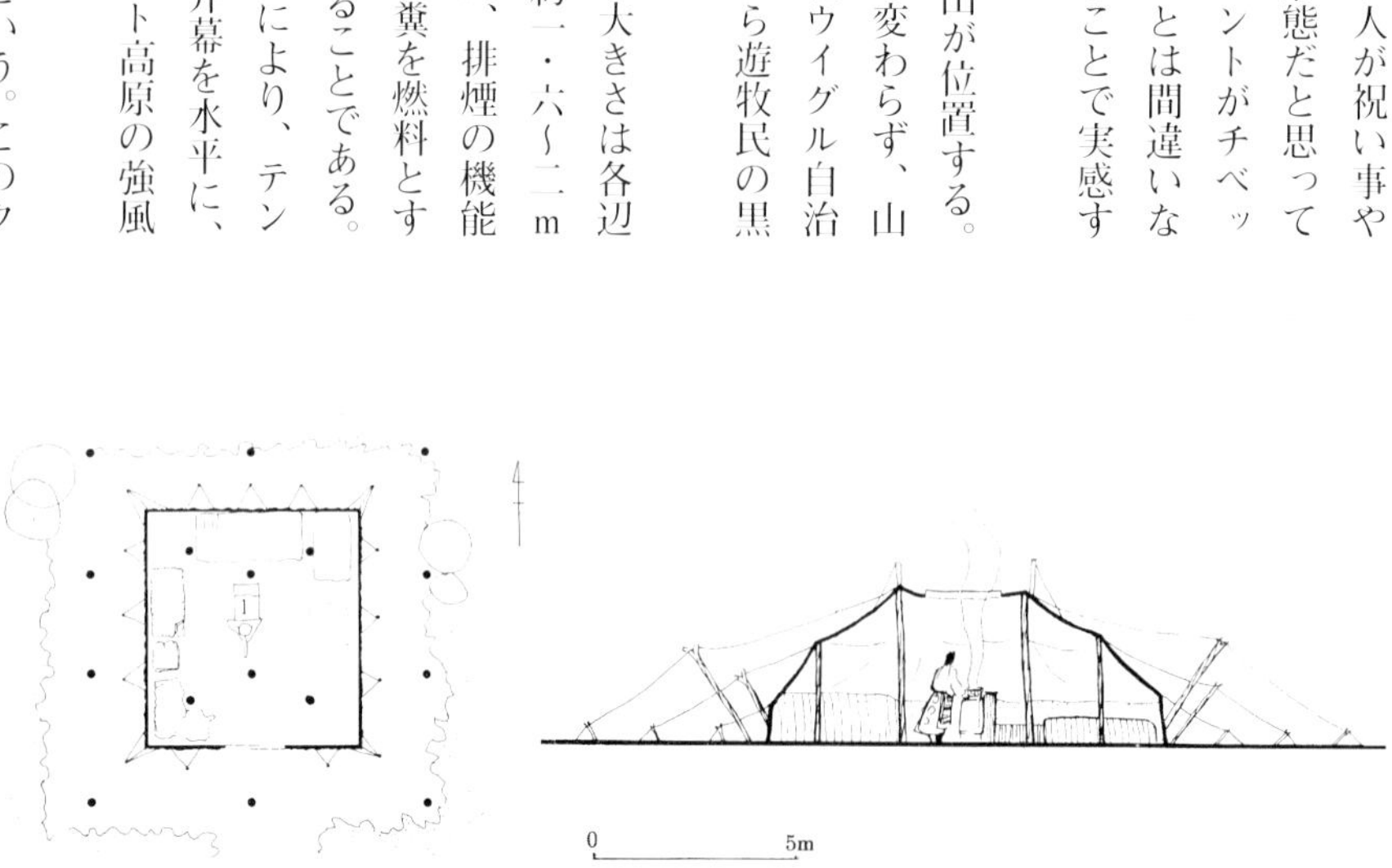

図29　テントの平面図・断面図

ルはいわゆるテントであり、タは「ヤクの毛のテント」をさす。したがって、タクル（sbra gur）ともいう。そしてこのタは黒い色をしているのでタナッ（sbra nag）で（ナッは「黒」）先程述べた黒テントである。しかし、チベットのテントはヤクの毛の黒いテントばかりでない。夏期に使う布製のテントもある。布製の白いテントは、以前は、領主、貴族そして活仏などが夏季用として主に使ったようである。

夏期、草原でのお祭り（競馬祭）などの時は布製の花柄のテントが何百張も建てられる。ちょっとした街が現出した光景である。最初に述べた歴史書の記述もこのような光景を表わしていたのかもしれない。

チベット語にトゥマ（phru ma）という古い語彙がある。この語彙は「野営・軍営」の意味であるが「宮殿」の意味もあった。このことは定住社会としての城塞（mkhar）とは別のチベット族の遊牧社会の一面をも表している。

写真17　黒テント

チベット建築の特徴

1 陸屋根

外観的に見てチベット建築を最も特徴付けているのは陸《ろく》屋根（平屋根、フラットルーフ）だろう。チベットの寺院を遠くから見ると、現代建築の集合住宅をも思わせる。現代建築の特徴の一つもまた、陸屋根を持つことである。

チベットにおいて陸屋根の建物が発達していったのは雨量が少ないことである。世界的に見ても雨量の少ない地域の建物は陸屋根で、北部アフリカなどでも陸屋根の建物は多く見られる。建物の最も基本的なことは、雨と外気、外敵から身を守ることである。雨のことをあまり考えなくてよい場合は、建物を造るのにもかなり楽である。なぜなら屋根も床も同じ材料で、同じ造り方で造ることができる。建物が大きくなっても柱の数が増えてくるだけである。その点、日本建築などを

写真18　チュムレ・ゴンパ

見ると屋根を架けるのに苦労しているのが分かる。建物が大きくなればなるほど、屋根には勾配があるので、その規模も大きくなってくる。規模の大きい日本建築になると建物の容積のかなりの部分を屋根の空間が占めるようになる。

この陸屋根であるが、本当に機能的に十分なのだろうか。例えばラダックのレーでは年間雨量は一〇〇ミリぐらいだが、これがラサだと年間四一〇ミリほどの雨量になる。東チベットの方ではもっと雨量の多いところがある。チベット建築の屋根材はアルカという粘土質の土を使っている。この土は酸化カルシュウムを多く含んで防水性があると言われている。しかし、土には変わりはない。チベットには「カササギ防漏節」という言葉がある。これは毎年、雨季の前になると人々は屋根に上がり、土を撒いて雨漏りを補修する。これはカササギが巣を造っているようなので、この頃の季節に対してこの名称が付いたと言われている。このような言葉があることからも、実際には陸屋根での雨漏り防止にはやはり苦労しているのだろう。

ただし、本当に雨量が多い地方では陸屋根では無理である。チベットでもヤルツアンポ河が北に大きく蛇行するあたりの林芝地区などでは切妻で板葺き石置き屋根が見られる。

ところでチベット語で屋根のことはト（thog）またはトカ（thog kha）という。このトは屋根に関する多くの語彙を作っている。そしてまたこのトは、「～の上」や「階」の意味もある。カント（カンは「家」）やツェト（ツェは「頂」）で「屋根・屋上」を表わしている。スムト（スムは「三」）で三階建の建物である。これらのことを考えると、チベット人にとっては、我々が考えるほど屋根という意識がないのかも知

写真19　東チベットの新都橋の民家

れない。単に上の床ぐらいに考えているのではないだろうか。
この階に関して、チベット語の辞書を見ると、先程のスムトの他にニト「二階建」はあるが、その他にはグト「九階建」の語彙しか出てこない。もちろんチベットの建物にも四階建も五階建もある。しかし、グト「九階建」が出ているのはなぜだろうか。他のところでも述べたが、古い文献には九層の城塞はよく記述されている。現在は立て替えられて変わってしまったが、甘粛省合作に合作寺九層殿[図30]という建物があった。外の窓を数えると九層なのだが、実際の床は六層である。九という数字は縁起のよい数字なので、グトももちろん、実際に九階建もあっただろうが、そのように見せていたのもあったのだろう。

チベット語でもう一つ屋根を表すギャピプ(rgya phibs)という言葉がある。これは覆うような屋根で、このギャは「漢」を意味し、漢式屋根「金頂」[写真20]と言われる。寺院などの主殿の建物の屋根として架けられているもので金色に輝き寺院建築の特徴の一つである。ポタラ宮にも架かっているが、これらは歴代ダライ・ラマ霊塔の上に架かっている。名称からも分かるように中国文化のものである。チベット文化圏でもラダックなど西の方では見られない。そしてこの屋根は、内部空間を利用することよりも外観の意匠的要素が強い。

「金頂」はチベットでいつごろから造られるようになったのだろうか。文献では古くから見られる。唐との和平、唐蕃会盟碑で知られているティック・デツェン王が建てたウシャンド寺(温紅島寺)には金頂があったと記載されている。現在は無いがサキャ北寺主殿には、パクパの頃(一三世紀中頃)には金頂が付けられたのが確認されている。

写真20　ポタラ宮のギャピプ(金頂)

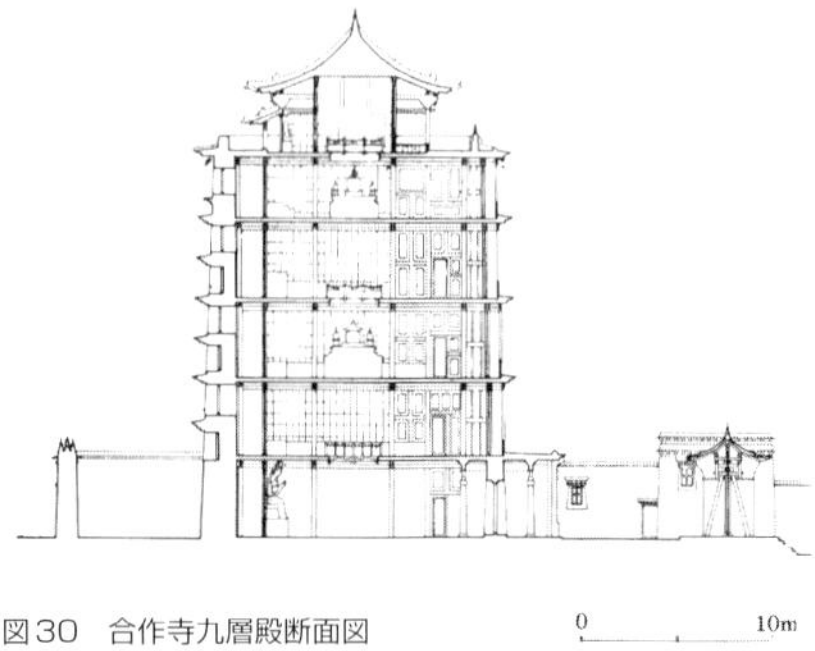

図30　合作寺九層殿断面図

2　石積・日干しレンガ・版築の壁と校倉壁

チベット建築の壁は一般的には石積・日干しレンガ・版築の壁である。ここに基本的に異なる二種類の構法がある。チベット語で壁を表わす言葉はツィクパ（rtsig pa）であるが、このツィク（rtsig）には「築く」の意味がある。これは「壁は築くもの」ということだろう。この「築く壁」である石積壁はドツィク（ドは「石」）であり、日干しレンガ壁はパツィク（パは「レンガ」）である。そして工事をする棟梁はツィクプン（プン「かしら」）である。

もう一つの構法による壁を表わす言葉、それはキャン（gyang）である。この壁は版築壁［写真23］を表わしている。版築とはコンクリート造の仮枠のように壁の厚さの幅で両側に板を立ててその中に粘土のような土を入れて「打つ（突き固める）」壁である。チベット人にとっては「築く壁」と「打つ壁」は意識としてもかなり違うのだろう。

版築壁は一回で打つ高さが決まってくるので、コンクリート造の打継ぎ目地のように、版築壁にも目地を見ることができる。キャンテンという言葉は「版築板の数（高さ）」を表わす言葉である。ただし、版築板の一枚の高さは必ずしも決まっていない。筆者がスピティ（北インド）の建築中の民家で測ったのでは、高さが二九cmだったが、これなどは低いと言えるだろう。チベット語のキャンは中国語の「墻（qiang）」からきていると言われる。版築は中国では広く行われている構法で、福建省の客家《ハッカ》の土楼はその代表的なものである。また、ブータンでも版築は多く見ら

写真21　石積壁（東チベット）

写真22　日干しレンガ壁（ザンスカール）

れる。日本では建物の基壇、土塀などを造るのに用いられてきた。法隆寺でも版築の土塀を見ることができる。

これらの壁の構法の使われ方だが、大規模な建物になると石積壁が多くなるが、下は石積で上部は日干しレンガや版築も見られる。中国語に「因地制宜」という言葉があるが、これは「土地の事情に合わせて最も適したやり方で行う」の意味である。チベット建築の場合も、石材が手に入れ易い場合は石積壁を、壁に適した粘土の土が手に入れ易い場合は版築壁などの構法によっている。

なお、もう一つ壁を表わす言葉、キャ（skya）があるがこれは間仕切り壁を表わすような時に使われている。ただし、壁画などの「壁の語彙」にはこれらのツィク、キャン、キャも同じように使われている。

先程、一般的に石積・日干しレンガ・版築の壁と言ったが、チベットではもう一つ壁の造りかたがある。前にも少し述べたが、東チベットで見られる校倉《あぜくら》壁（井桁壁）である。校倉壁は昌都のカロ遺跡でもすでに使われていたが、この構法は中国西南部の少数民族の民家でもよく見られる。東チベットの校倉壁は民家だけでなく、寺院建築でも見られる。校倉壁は木材が得やすいことによるのだろうが、地震時に大きな被害を避ける機能もあったようである。

3　木製の柱・梁と肘木

壁は石積や日干しレンガの組積式、また、版築のような一体構法だが、内部の柱、梁は完全な木造で、軸組構法である。このようにチベット建築は他ではあまり見

写真23　版築で建築中（スピデイ）

写真24　校倉壁（塔公寺）

られない混構造である。

チベットでは柱を、カワ（ka ba）という。チベット語ではものによっては多くの言い方があり、場所によって言い方も異なる場合が多いが、柱に関してはチベット語文化圏ではほとんどカワである。これは特異と言える。柱の上の肘木（カシュ ka gzhu）で梁（トンマ gdung ma）を受けている。そこに垂木（チャム lcamまたはphyam）が掛かりその上に丸い枝状の木や、木を割って板状にした木材、天井板（テマ gral ma）を敷く。ここまでが木造である。床はこの上に小石を含んだ土を敷き、その上を屋根のところでも述べたアルカを敷き、木の棒で上から打ち固め、油を塗って仕上げる。これは非常に硬くなめらかに仕上がる。

柱の形状として最も多いのは方形（正方形）であるが、この他に円形、それに多角形（亞字形）の柱がある。多角形は八角形、十二角形、さらに十六角形のものもある。この八角形［図31］とは方形の柱の各面に長方形材を付け加えたものである（実際の角を数えると十二角ある）。さらに付け加えると十二角形になる。多角形柱は当然、柱の断面積は大きくなるが、使われているところは門廊などで、特にその部分の柱間隔が長くなっているわけではない。従って装飾性が強いと思われる。もちろん一般的な、角を面取りした八角形の柱もある。この他には細い柱を束ねる形式もある。この束ねる形式は中国建築でも見られるが、図で示したような八角形とか十二角形の柱は他に類例がなくチベット建築独自のものである。

梁を受けるのを肘木と言ったが、チベット建築のこの部分は中国、日本などの木造建築とは少し異なっている。ギリシャやローマ建築でも柱が梁を受けるところを柱頭（キャピタル）といい、いろいろな様式を生み出してきた。中国や日本の木

写真25　柱と肘木（チャンパ・ラカン、ムスタン）

図31　八角柱

造建築では、この部分は斗栱《ときょう》として複雑な組物に発展してきた。斗栱とは斗（升形ともいう）と、その上に栱（肘木）を載せるのが基本形である。この斗栱の最も簡単な形が日本では舟肘木と言われるもので、柱の上に肘木が直接載っている。この舟肘木は一部の神社建築などで見られる。しかしチベットにおいては、梁を柱が受けるのは、この肘木の形であり、しかもその規模ははるかに大きく、精緻な彫刻や装飾がされている。そしてこれはチベット建築の内部空間を特徴づけている大きな要素である。なお中国建築ではチベット建築のような肘木の部分を雀帯《じゃくたい》と言っているが、もともと中国建築特有の雀帯は柱が直接梁を受け、その両側に肘木のような持送り材を付けている。従って、基本的にはかなり異なっている。

　肘木はまた、テ（bre）ともいうが、これにはまた、「升」の意味もあるので、日本語の斗（升）にあたる。それでは組物の形をとったいわゆる斗栱がチベット建築に無かったのかと言えばそうではない。先に述べたギャピプ（漢式屋根）［写真26］を支えているのは、中国や日本建築のまさに斗栱である。これは漢式屋根と共に中国から入った技術だろう。この他では門の庇を支える場合も斗栱は使われている。

　肘木で梁を受けそこに垂木を並べると先に述べたが、ここで断っておくが、日本建築では梁の上に根太があり床板を支えている。日本建築では垂木は屋根下地を支える材とされている。従って、この場合も垂木でなく根太ともとれる。しかし、日本建築でも化粧垂木は天井材として使っている。チベット建築の場合も、この部材は天井材である。それに中国文献では全て椽子（垂木）としているので、この場合も、垂木としておいた方が適切と思われる。チベットの諺に「梁、垂木が揃ってよい家が出来る」とある。垂木はチベット建築にとって重要な部材である。

写真26　チョカン寺の斗栱

写真27　ヘミス・ゴンパの天井

4　柱間面積と四柱八梁

チベット建築独自の建築用語として「柱間面積」と「四柱八梁」がある。チベット寺院の経堂に入ると、まず柱が等間隔に林立［写真28］しているのに驚かされる。そしてこれもまた、チベット建築の特徴を表わしている。

柱のない大きな空間を造ること。これは古来建築技術における一つのテーマであった。そしてヨーロッパなどの組積造においては、アーチ構法を生み出しドーム、ヴォールトを使って大きな空間を造っていった。しかし木造の架構式においてはなかなか柱のない大きな空間を造ることは難しい。例えば世界最大の木造建築と言われるわが国の東大寺大仏殿は柱間七間×七間（現在の建物が再建される前、鎌倉時代は一一間×一一間）の間隔で柱が並んでいる。そしてその柱間距離は八・一m×七・一mである。この場合本尊（大仏）の位置するところの四本の柱は外されている。

それではチベット建築はどうであろうか。チベット建築においては同じ木製の柱、梁であっても小屋組を持っているわけではない。陸屋根である。したがって荷重は柱に均等に伝わってくる。このため柱間の間隔を変えるのも難しい。柱間距離はせいぜい四mぐらいまでである。一般的には三mぐらいまでが多い。なお住居（民家）では二mが一つの基準になっている。ここにチベット独特の言葉にカミ（ka mig）という語彙がある。このカは「柱」、ミは「目」である。これは、辞書では「柱間面積」と訳され、「チベットの習慣として建物（部屋）の広さは柱一本面積

写真28　デプン寺大経堂の柱

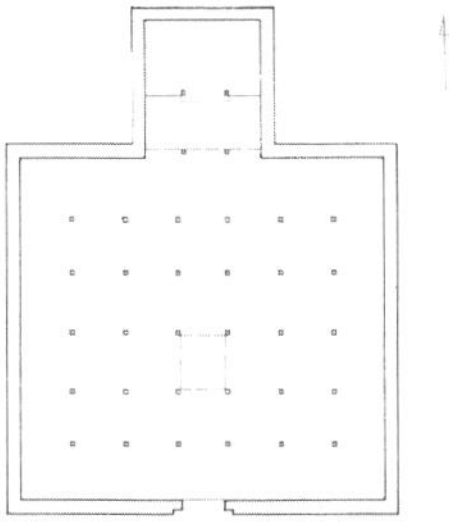

図32　白宮（グゲ王国）　0　5m

(単位)として計算する」と説明されている。柱が均等に並べられていることにより、チベット建築においては、柱の数が部屋の広さを表わす一つの単位になっている。例えば、「この経堂は四〇本柱である」というようにしてその広さを表わしている。そして、カチィマ(チィ「一」)という言葉は、「真中に柱一本ある部屋」であるが、これは部屋の一つの基本である。また「四柱八梁」[図33]という語彙もある。これは四本の柱と八本の梁で、一室を形作っている構造形式で、「四柱八梁殿」とも言われるように、宮殿や寺院建築で多く見られる。

ところで「柱間面積」のカミの「ミ」はなぜ「目」なのだろうか。チベット語で囲碁のことをミマン(ミ「目」、マン「多い」)という。寺院の平面図[図32]をみると、柱の位置は碁盤の目を連想させる。このようなことからカミ「柱・目」の語彙も出てきたのではないだろうか。

5 女墻《ひめがき》(パラペット)

チベット寺院を見ると、建物の上部(パラペット部分)が紫紅の帯の仕上げになっている。そしてこれは、よく見ると茅葺屋根の切口のようである。これはチベット建築以外では見られない。なぜこのような方法(ディテール)が取られているのだろうか。チベットでは民家の屋根などに燃料となる木の枝や、干し草などが整然と積み上げられているのを良く見かける[写真30]。これは木の枝などが貴重品なので盗難を防ぐためとの説もある。そしてそれは、陸屋根の端の部分を保護する役目にもなるだろう。チベットでも雨量は決して少なくないことは前に述べた。

写真29 ラマユル・ゴンパ(ラダック)の女墻

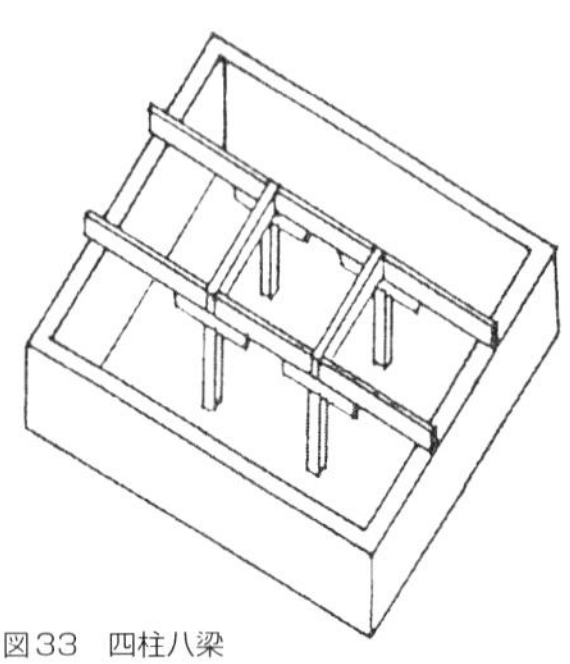
図33 四柱八梁

現在のコンクリートの建物は雨水が周囲に流れないように回りに立ち上がり（パラペット）を付け、樋を回して立樋で雨水を下に流している。チベット建築でも基本的には同じであり、パラペットの機能は必要であろう。またチベットの建物は屋上を利用することも多いので手すりとしての役目も必要となる。これらの機能的な要素と屋根に木の枝などを積み上げる習慣、それに意匠的な工夫も加わり、このようなディテールを作っていったのではないだろうか。それでは茅葺のようなものといったのは何だろうか。チベット語でペンマ（spen ma）と言われる木の枝である。英名でタマリクスと言われ、日本名で御柳《ぎょりゅう》、中国名では怪柳（cheng liu）である。これはギョリュウ科の落葉低木あるいは小高木で高さ七ｍに達することもある。原産地はモンゴルなどの乾燥地帯であるが、水湿地も好む（『世界大百科事典』平凡社）。タマリクスはヘディンの探検紀行ものにもよく出てくる。このタマリクスは油性があり腐食に強いと言われている。そしてこのペンマで出来たパラペット部分をペンペ（spen bad）とかプシュ（pu shu）などという。中国文献ではこの部分を「女墻」の語彙を使っているが、「ペンマ墻・女兒墻」とも言っている。なおこの女墻《ひめがき》であるが『広辞苑』では「宮殿や城の上などに造る丈の低い垣」との説明があり、少し意味が違うが、もともと日本語にはパラペットに相当する語彙がないので、この場合「女墻」の語彙を使うことにする。女墻を表わすペンペのペンは「タマリクス」、ぺは「霜」の意味がある。ここで「ペ」を少し考えて見ると、実はペェカ（bad ka）でも女墻である。日本建築に「霧よけ庇」というのがある。これは「窓などの上部の簡単な庇」のことであるが、実はペンペ「女墻」も外壁より少し出ている。庇としての機能もあるだろう。

図34　タマリクス（平凡社『世界大百科事典』）

写真30　ドルポの民家

もう一つの語彙プシュは何からきているのだろうか。プシュには少し綴りは違うが、ププクシュ（ヤツガシラ・鳥の名前）の省略形としての語彙がある。このヤツガシラは戦勝鳥とも言われ、頭に冠羽があり、驚いたりすると冠の羽がたつ。プシュ「女墻」名前はこの鳥の頭からきていると思われる。さらに女墻の言い方としてニャギャプともいう。このニャは「魚」であり、キャプは「背」の意味があり「魚の背」からの連想でこの名称が付いたのだろう。なお、女墻の材料はタマリクスと言ったが、地域によっては入手が難しいところもある。代わりに他の木の枝を使っているところもある。

女墻はパラペット部分と述べたが、ペンマ墻（女兒墻）とも言っているように実はパラペット部分だけではない。これは意匠的な意味からある程度の幅が必要なためなのか、上部の壁の一部となっている。これがポタラ宮の紅宮の場合は六・四mの幅（高さ）にも達している。

6　窓と窓廻り

日本建築のような木軸、柱梁構造においては開口部を造ることは何でもないが、組積建築においては、開口部を造ることは容易ではない。壁は構造体であるから、あまり開口部は取れない。チベット建築においても外壁は石積や、日干しレンガであるから構造的にはあまり窓は取りたくない。チベット語で窓のことを、発音はほぼ同じでカルクン（skar khung または dkar khung）という二つの語彙がある。この二つの語彙は語源的には異なっていると言われている。両方ともクンは「穴」

写真31　ポタラ宮のペンマ壁

であるが、初めのカル（skar）は「星」であり、後のカル（dkar）は「白い・白い光」の意味がある。そしてこれらのカルクンは「窓」を表わすと同時に「天窓」の意味も持っている。見上げると天井から光が入り、夜には窓を通して星が見える。これらのことを考えるとカルクン「窓・天窓」の意味も理解できる。チベットの寺院では壁面には窓がなく、天窓から光を取り入れる場合も多い。チベット独特の手法にセンヤプ「天窓閣」というのがある。これはポタラ宮でも見られるが、天井の一部が高くなっていて、トップライトを取り入れる手法である。他に「窓」を表す語彙にケェクン（sgeu khung）もあるが、この場合もクン「穴」である。

チベット建築の窓はクン「穴」が示すように一般的には小さいが、大きい窓が無いわけではない。寺院のジェムチュン（高僧の居室）などには大きな開口窓がある。このような窓はラプセル「南面大窓」と言われているものである。しかし逆に言えば、わざわざこのような名称が付いているぐらいだから、他の一般の窓は小さいということが想像されよう。もっとも最近の建物（チベット建築）では民家でもかなり大きな開口部・窓を取り入れている。これは建築技術の進歩にもよるのだろう。

チベット建築において外部デザインの特異な点は、先ほどの女墻部分ともう一つ、窓枠の廻りを台形状に黒く縁取りしていることである。これは何ら機能的な面はなく、あくまで造形上のことである。文献によれば菱形の黒枠は、神の仕業によるヤクの角をシンボル化したものと言われ、また、黒色は鬼を追い払い、邪を避けるためだと言われる。そしてこれをナッツィ（nag rtsi）という。ただこれはナッ「黒い」、ツィ「ペイント」で、「黒いペイント」ぐらいの意味である。ところで、東チベットの一部の地域では壁は石積のままで黒っぽいので窓枠の縁取りを逆に

写真32　パンポジェ・ゴンパ（ネパール）の高窓

写真33　民家の窓廻り（ムスタン）

白くしているところもある。

また、チベットの建物には入口、門や窓などに布が下げられている。これは年中下げられているもので、毎年チベット暦五月一五日に取り替えるものとされている。装飾的な意味と同時に、機能的には木製部を風雨や、強い日差しから守っている。また、これとは別に、内部の柱にも布がしっかりと巻かれていることが多い。これも柱が乾燥し過ぎるのを守っているのではないだろうか。チベット語では、窓などに下げられているのをシャムプ、柱に巻かれているのを、カシュプという。

7　垂木の意匠と白い壁

先に垂木の構造的な面は説明したが、ここでは意匠的な面を述べる。ペンペ「女墻」は外壁より少し前面に出ると、「霧よけ庇」としての機能があると述べたが、この場合は屋根（女墻部分）を支える垂木の木口も見える。その垂木の木口は規則正しく等間隔で並んでいるので外壁面の意匠的なアクセントにもなる。日本建築の屋根を支える垂木の木口が見えているのと同じようなものである。

ところで垂木の使われ方は、日本建築などとは少し異なった使われ方もしている。チベット語でパァ（bab）という「短垂木」である。写真34のように梁と垂木の間に短い垂木を二段、三段と入れてその木口を見せている。これは門・扉枠と天井の間でも見られる。そして窓の少し突き出た庇もこの短い垂木を重ねて支えている。72頁の写真を見ればそれが意匠的にも大きな意味を持っているのがわかる。

写真34　サムリン・ゴンパ（マルファ）

写真35　窓の短垂木（マトゥ・ゴンパ）

写真35は窓庇部分であるが、あらかじめ組み立ててから、取り付けていく。垂木の間の面戸板もすでに取り付けられている。このようにチベット建築では、垂木の使われ方は、日本建築などよりはるかに多様である。これはブータンの建築では一層顕著である。写真36のように木口を見せる木組みは屋根裏の所まで達している。しかし、この場合は、どうも垂木の機能からは離れてきている。むしろ垂木の木口を見せる意匠から発展していった構法（ディテール）と見るべきだろう。

　チベット建築の美しさの一つは白い壁にもよる。チベットでは白は吉祥を表わし、白い壁を維持するために年に一回壁を塗っているのである。この作業は秋の収穫後、チベット暦一〇月から一一月中旬の吉日に行われるようである。この白い土は「白土」でありカルツィ、また、サカルなどという。このサカルに関連した語彙にサカル・ウラがある。このウラとは「労役」のことであり、サカル・ウラは「ポタラ宮などの壁を白く塗る労働奉仕」のことである。以前のチベットでは為政者や領主が民衆に対して労働の提供を求めることがあったが、この労役もその一つである。しかしこのような言葉があるくらいだから、壁を白く塗る作業も大変なことであり、また日常的に行われていたと想像がつく。ウラは中国語で「烏拉(wu la)」と書く。これは中国語の一般の辞書にも出ているほどの語彙である。なお、重要な建物（寺院など）の場合は白土に牛乳や氷砂糖を混ぜて塗っている。これは剥離を防ぐためである。

　チベット建築の壁は一般的には白であるが、寺院などでは紅色に塗ってある場合がある。紅色は荘厳と権力を象徴し、ポタラ宮も一段と高くそびえているのは紅い壁の紅宮である。ここには大集会堂、仏殿、霊廟などがあり、ポタラ宮の主

写真36　パロ・ゾン（ブータン）の窓上部

写真37　白い壁の民家（ドルポ）

殿である。このようにチベットにおける寺院などでは、主となる建物を紅色に塗っている。この紅色は鉄錆紅土である。また、稀に黄色（黄土）の外壁にしていることもある。黄色を塗るのはやはり黄教（ゲルク派）の場合である。なお黄色は高貴を象徴していると言われている。

8 門・戸と階段・梯子

「チベット」という言葉はチベット人が使う名称ではなく、他称である。チベットをチベット語で最も簡単にはプゥ（bod）という。もう少していねいに言えばプゥユル、プゥジョンである。これはどちらも「チベット地方」の意味である。このほかにもいろいろな言い方があり、カワチェン「雪のある」もチベットの別名である。そしてシンゴチェンもその一つである。このシンは「木」、ゴ（sgo）は「門や戸・入口」でシンゴチェンは「木の門・戸がある」という意味であり、この語彙がチベットの別名であることは興味深い。

これはチベット建築においては、門・戸はしっかり造られ、目立つものであることの表われである。実際に寺院などの門・入口は立派に造られている。ここでゴを「門や戸・入口」と言ったのは、チベット語ではそれらの間にあまり区別がないようである。日本語では門と戸は、はっきりと異なるものを表わしている。しかし中国語の「門（men）」も門・戸・入口を含めた意味を持っている。中国では、かつて双扉があるのを門と言い、単扉を戸と言ったと言われる。チベット建築のゴは両開戸、簡単なものは片開戸であるが、いわゆる日本建築の引き戸のような

写真38　民家の門（シェーカル・中央チベット）

ものは見かけない。これは木工技術にもよるだろう。引き戸を作るためには鴨居や敷居に溝を造らねばならず、それには工具も必要である。扉式の方は、軸と軸受けさえ造ればよいので、はるかに楽である。門・戸を表わす関連語彙にタゴがある。タゴは「家の後ろの戸」を意味する語彙である。このタ（ltag）には「後・背・上」の意味がある。辞書の説明では「チベットの建物は山の斜面に建てられることが多いので、後ろの戸とは上の戸でもある」と記述されている。これは全てにあてはまることではないにしても、平地の少ない所に建つチベット建築の特徴の一面を表わしている。

チベット語で「敷居」はテムパまたはゴテム（テム「敷居」、ゴ「戸」）である。チベットに「敷居の上の小雀」という表現がある。これは「いつも一定していない」ことを意味し、そして「敷居の上の羊の糞」は「一定している」ことを言っている。また、「戸籍」のことをテムト（テム「敷居」、ト「表」）ともいう。このように「敷居」や「戸・門」の語彙は、これらに対するチベット人の考え方の一面を表わしている。

チベット語の階段・梯子の語彙にケェカ（skas ka または skas）がある。また、プゥケェ（bod skas）という語彙もある。

これは「チベット梯子」［写真39］と言われるもので、一本の丸太に足を乗せるところだけを刻んだだけの梯子である。これはチベットの民家などで最も一般的に使われている梯子である。この梯子はチャケェ（チャ「鳥」）とも言われる。これは鳥が止まるのに都合がいいからだろう。なお、日本では一本の角材や丸太に刻みを入れただけの梯子を「雁木梯子」と言っている。雁木とはギザギザのことであり、古式の社殿、鉱山、民家などで使われていた。

階段・梯子：ジェケ（'dzeg skas）、ケジェ（skas 'dzeg）も階段・梯子。ジェは「昇る」の意味。

写真39　チベット梯子（ザムタン）

日本語	チベット語ローマ字表記	意味
タルチョ	dar lcog	タルチョ（風旗）
チャカン	ja khang	茶店
チャクリ	lcags ri	鉄囲山
チャケェ	bya skas	チベット梯子
チャム	lcam	垂木
チャム	phyam	垂木
チョカン	jo khang	トゥルナン寺
チョコル・スム	chos 'khor gsum	三大古寺
チョルテン	mchod rten	仏塔
ツィク	rtsig	築く
ツィクパ	rtsig pa	壁
ツィクプン	rtsig dpon	棟梁
ツェ・ポタラ	rtse po ta la	ポタラ宮
ツェ・ポタン	rtse pho brang	ポタラ宮
ツェト	rtse thog	屋根
ツォクチェン	tshogs chen	大経堂
ツォクチェン・ドゥカン	tshogs chen 'du khang	大経堂
ツォンカン	tshong khang	商店
テ	bre	肘木
テマ	gral ma	天井板
テマ	dral ma	天井板
テムト	them tho	戸籍
デヤン	bde yangs	中庭
テンパ	them pa	敷居
ト	thog	屋根
トゥマ	phru ma	野営、軍営、城塞
ドゥカン	'du khang	集会堂
トカ	thog kha	屋根
ドツィク	rdo rtsig	石壁
トンマ	gdung ma	梁
ナッツィ	nag rtsi	窓の黒枠
ニト	nyis thog	二階建
ニャギャプ	nya rgyab	女墻
パァ	bab	短垂木
パツィク	pag rtsig	日干しレンガ壁
プゥケェ	bod skas	チベット梯子
プシュ	pu shu	女墻
ペェカ	bad ka	女墻
ペンペ	spen bad	女墻
ペンマ	spen ma	タマリクス
ミツェン	mi tshan	カムツェンより年少の組織
メタプ	me thab	炉
ヤルカン	dbyar khang	夏住居
ラプセル	rab gsal	南面大窓
ラプラン	bla brang	ラマの住まい
リン	gling	大寺院

建築関連語彙一覧表

日本語	チベット語ローマ字表記	意味
アルカ	ar ka	アルカ（粘土）、床
カシドゥンギャ	ka bzhi gdung brgyad	四柱八梁
カシュ	ka gzhu	肘木
カシュプ	ka shubs	柱布
カチィマ	ka gcig ma	一本柱の家
カミ	ka mig	柱間面積
カムツェン	khams tshan	カムツェン（僧団の単位）
カル	mkhar	城、城塞
カルクン	skar khung	窓
カルクン	dkar khung	窓
カルツィ	dkar rtsi	白土
カワ	ka ba	柱
カント	khang thog	屋根
カンパ	khang pa	家
キィカン	khyi khang	犬小屋
キャ	skya	壁
キャカティプツァ	skya ga thibs tshags	カササギ防漏節
ギャピプ	rgya phibs	漢式屋根
キャン	gyang	壁（版築壁）
キャンテン	gyang phreng	版築板の数（高さ）
グト	dgu thog	九階建
クル	gur	テント
ケェ	skas	階段・梯子
ケェクン	sgeu khung	窓
ケェジェ	skas 'dzeg	階段・梯子
ケェカ	skas ka	階段・梯子
ゲンジラ	gan ji ra	宝瓶（宝珠）
ゴ	sgo	門・戸
ゴテム	sgo them	敷居
ゴンパ	dgon pa	寺院
サカル	sa dkar	白土
サカル・ウラ	sa dkar 'u lag	労働奉仕
ジェケェ	'dzeg skas	階段・梯子
ジェムチュン	gzim chung	高僧の居室
シャムプ	gsham bu	窓掛布
シン	shing	木
シンゴチェン	shing sgo can	チベットの別名
スムケェ	gsum skas	三並階段
スムト	gsum thog	三階建
センヤプ	gseng g-yab	天窓閣
センヤン	zan yang	サムイェー寺
ゾン	rdzong	城塞
タ	sbra	ヤクのテント
タクル	sbra gur	ヤクのテント
タシャ	grwa shag	僧坊
タツァン	grwa tshang	学院
タナ	sbra nag	黒テント

図27.「東チベットの民家（マルカム）」『四川蔵族住宅』（文献-21）
図28.「ナムセリン荘園立面図」陳耀東（西蔵囊色林庄園）『文物』1993/6
図29.「テント平面図・断面図」『中国古代建築技術史』（文献-17）
図30.「合作寺九層殿断面図」建筑科学研究院建筑史編委会組織編『中国古代建筑史』中国建筑工業出版社、1984
図31.「八角柱」陳梅鶴『塔尓寺建築』中国建筑工業出版社、1986
図32.「白宮（グゲ王国）」『古格王國建築遺址』（文献-19）
図33.「四柱八梁」屠舜耕（西蔵建築芸術）『建築学報』1985/8
図34.「タマリクス（Tamarix）」『世界大百科事典』平凡社、1988

文章初掲載

カムからアムドへ／3000kmの旅：「チベット文化研究会報」チベット文化研究所、2000.Oct., 2001.Jan.
チャンタン高原のテントの寺院：「コア東京」東京都建築士事務所協会、2005/4
秘境ドルポ／チョルテンの里：「理大科学フォーラム」東京理科大学出版会、2001/11
東チベット丹巴（タンバ）／千碉の国：「コア東京」東京都建築士事務所協会、2004/12
内モンゴルのチベット仏教寺院：「コア東京」東京都建築士事務所協会、2004/6
チベット建築の変遷：「チベット文化研究会報」チベット文化研究所、1993-1,1993-5, 1994-5
チベット建築の特徴：「チベット文化研究会報」チベット文化研究所、1993-7, 1993-10, 1994-1
（上記の文章に加筆、修正）

図版出典

図01.「ポタラ宮立面図」『西蔵布達拉宮修繕工程報告』（文献-22）

図02.「100年前のチベット」Waddell,L.A.“Lhasa and its Mysteries”Books for Libraries Press,New York,1972（First Publ.1906）

図03.「石礀図面」『中国古代建築技術史』（文献-17）

図04.「カロ遺跡復原図」西蔵自治区文物管理委員会編『昌都卡若』文物出版社、1985

図05.「カロ遺跡断面図」（図-04同）

図06.「ユンブ・ラカン立面図」『西蔵傳統建筑導則』（文献-35）

図07.「原ポタラ宮」中国西蔵布達拉宮管理処『布達拉宮壁画源流』九州図書出版社、2000

図08.「唐代チョカン寺一階平面図」『大昭寺』（文献-18）

図09.「ジョーリアーン寺院」日本建築学会編『東洋建築史図集』彰国社、1995

図10「アジャンター石窟寺院とチョカン寺の柱」

Fergusson,James “History of Indian and Eastern Architecture”London, 1876

『蔵傳佛教寺院考古』（文献-26）

図11.「魔女仰臥図」西蔵博物館編『西蔵博物館』中国大百科全書出版社、2001

図12.「タトゥク寺平面図」（西蔵文物見聞記・五）『文物』1961-3

図13.「サムイェー寺平面図」『布達拉宮』（文献-28）

図14.「旧サムイェー寺配置図」『蔵傳佛教寺院考古』（文献-26）

図15.「グゲ王国遺跡全体図」（チベット高原に眠る「古格王国」遺跡）『人民中国』1984/5

図16.「トリン寺ギャセル殿平面図」（西蔵阿里托林寺）『文物』1995/10

図17.「サキャ南寺配置図」『西蔵古跡』（文献-16）

図18.「パンコル・チョルテン断図面」“The Great Stupa of Gyantse”Ricca,Franco & Lo Bue,Erberto Serindia Publ., 1993

図19.「デプン寺大経堂平面図」『布達拉宮』（文献-28）

図20.「タシルンポ寺（ヘディンのスケッチ）」ヨースタ・モンテル編『ヘディン素描画集』白水社、1980

図21.「ヘミス・ゴンパ平面図」“Buddhist Monasteries in The Western Himalaya”（文献-36）

図22.「ポタラ宮」Das,S.C. “Journey to Lasa and Central Tibet”Munjusri Publ.House, Rep.1970（First Publ.1902）

図23.「ポタラ宮配置図」『西蔵古跡』（文献-16）

図24.「ポタラ宮紅宮3/5の比」『布達拉宮』（文献-28）

図25.「石を背負って運ぶ（ポタラ宮造営）」『布達拉宮壁画源流』（図-07同）

図26.「石を皮船で運ぶ（ポタラ宮造営）」（図-07同）

29) 王其鈞（文），李玉祥・他（撮影）『老房子／四川民居』江蘇美術出版社、2000
30) 中国西蔵自治区対外文化交流協会・他編『中国西蔵寺廟』外文出版社、2001
31) 西蔵自治区文物局編『西蔵阿里地区文物搶救保護工程報告』科学出版社、2002
32) 馬麗華（文），李玉祥（撮影）『老房子／西蔵寺廟和民居』江蘇美術出版社、2002
33) 柴煥波『西蔵芸術考古』中国蔵学出版社・河北教育出版社、2002
34) 場輝麟『西蔵佛教寺庙』四川人民出版社、2003
35) 徐宗威・主編『西蔵伝傳統建筑導則』中国建築工業出版社、2004

●欧文

36) Khosla,Romi “Buddhist Monasteries in The Western Himalaya” Ratna Pustak Bhandar,Kathmandu,1979
37) Jest,Corneille, “Monuments of northern Nepal” UNESCO,1981
38) Gerner,Manfred “Architekturen im Himalaja” Deutsche Verlags-Anstalt,Stuttgart,1987
39) Gruschke,Andreas “The Cultural Monuments of Tibet’s Outer Provinces AMDO, Vol.1, The Qinghai Part of Amdo” Vol.2, The Gansu and Sichuan Parts of Amdo White Loutus Press, Bangkok,2001

●<チベット建築語彙>関連

40) 大岩昭之「チベット語辞書からの建築関連語彙の分析手法とその分析事例“テント”について」『日本西蔵学会々報』第44号、1999
41) 大岩昭之「チベット語に於ける“建物・家・すまい”を表わす語彙について」『日本西蔵学会々報』第46号、2001
42) 大岩昭之「チベット語に於ける“寺院”・“城塞・宮殿”を表わす語彙について」『日本西蔵学会々報』第48号、2002
43) 大岩昭之「チベット語の語彙によるチベット建築の考察（その１）“壁・柱・梁・垂木”等表す語彙について」『日本西蔵学会々報』第51号、2005

参考文献

●邦文

01) 河口慧海『チベット旅行記』白水社、1967

02) スネルグローブ（吉永定雄·訳）『ヒマラヤ巡礼』白水社、1981

03) 日中共同企画『承徳（全二巻）』、毎日コミュニケーションズ、1982

04) 山口端鳳『チベット（上下）』東京大学出版会、1987

05) スタン,R.A.（山口瑞鳳·他訳）『チベットの文化（決定版）』岩波書店、1993

06) 友田正彦『INAX ALBUM33:：チベット／天界の建築』INAX、1995

07) 中国四川連合大学・他『西西蔵石窟遺跡』集英社、1997

08) スネルグローブ,D.／リチャードソン,H.,（奥山直司·訳）『チベット文化史』春秋社、1998

09) 石濱裕美子（文）, 永橋和雄（写真）『図説：チベット歴史紀行』河出書房新社、1999

10) 宮脇壇・他編『Nostalgia BHUTAN（ノスタルジア　ブータン）』建築知識、1999

11) 松井亮（写真）, 奥山直司（文）『ムスタン／曼荼羅の旅』中央公論新社、2001

12) 高木辛哉『旅行人ウルトラガイド：西チベット』旅行人、2000

13) 高木辛哉『旅行人ウルトラガイド：ラダック』旅行人、2001

14) 旅行人編集部『旅行人ノート：チベット（第3版）』旅行人、2002

15) 渡辺武・他編『アジア文化叢書:：四川の伝統文化と生活技術』慶友社、2003

●中文

16) 中国建筑工業出版社編『西蔵古跡』中国建筑工業出版社、1984

17) 中国科学院自然科学史研究所主編『中国古代建築技術史』科学出版社、1985

18) 西蔵工業建筑勘測設計院編『大昭寺』中国建筑工業出版社、1985

19) 西蔵工業建筑勘測設計院編『古格王國建築遺址』中国建筑工業出版社、1988

20) 安旭『蔵族美術史研究』上海人民美術出版社、1988

21) 叶彙啓『四川蔵族住宅』四川民族出版社、1989

22) 西蔵布達拉宮維修工程施工板辧公室・他編『西蔵布達拉宮修繕工程報告』文物出版社、1994

23) 冉光栄『中国蔵傳佛教寺院』中国蔵学出版社、1994

24) 西蔵布達拉宮維修工程施工板辧公室・他編『中国古代建築／西蔵布達拉宮（上下）』文物出版社、1996

25) 青海塔爾寺維修工程施工板辧公室・他編『青海塔爾寺修繕工程報告』文物出版社、1996

26) 宿白『蔵傳佛教寺院考古』文物出版社、1996

27) 場嘉銘・他編『中国蔵式建筑芸術』四川人民出版社、1998

28) 西蔵自治区建筑勘察設計院・他『布達拉宮』中国建筑工業出版社、1999

あとがき

「なぜ、チベットなのか」とよく聞かれる。直接のきっかけとなったのは一九八二年にインドのラダックを訪れたことによる。これが私の最初の海外旅行であった。荒涼とした大地に建つ寺院（ゴンパ）、そのたたずまいが私を強く惹きつけた。この地は、まだ〝未知〟なる世界、そこには大自然と共に連綿と営まれてきた人々の文化がある。この未知なる文化に対する憧憬が、私がその後長くチベットに関わり続ける要因となったのだろう。

現在はその気になれば世界中ほとんどの地域に行ける時代である。そしてテレビでは世界中の国々や文化が絶えず紹介されている。チベットもその例外ではない。また、この二〇年余りでチベットも大きく変わってきている。それでもまだチベットには未知なる部分が残っている。本書も一昔前では書けなかっただろうと思うと、この時代に生きてきたことは幸せだったかも知れない。

また、「なぜ、最初がラダックだったのか」とも質問されることがある。子供の頃から〝秘境〟と言う言葉には何か心を揺さぶられた。シルクロード探検のスウェン・ヘディンの本や河口慧海の「チベット旅行記」などを読んで子供心に遠い世界を思い描いていたものである。しかし、実際にそこに行くことなどは夢のようなことであり、私が大人になってもなかなか実現することはなかった。

一九八〇年に池袋の西武百貨店で大がかりなラダック地方の「マンダラ展」が開かれ、その企画に合わせてツアー参加者を募集していた（この地域は一九七五年に外国人に開放されている）。しかし、この時は行きたい気持はあったが、決心がつかなかった。そして、その二年後に夢がやっと実現することになる。この旅行中に、まだあまり紹介されていないゴンパなどを写真に記録するのは意義のあることではないかと思うようになったのである。そして翌年にチベットに行った時から、今も愛用しているハッセルブラットSWC/Mを持って行くようになった。

それから二〇余年、今回の本をまとめるにあたって、改めて写真を見るとその時々のシャッターを押した時の状況がありありと思い出される。高山病にかかりながら頭の痛さも忘れて写真を撮っていた時のこと。一日の長いトレッキングの後にやっと、たどり着いたゴンパ。とにかく写真を撮っておこうと駆け出したこともあった。一枚一枚の写真にも忘れがたい思い出がある。これまででチベット文化圏への取材も二〇数回になったが、まだ訪ねていない地域もある。もう少しチベット行きは続くのだろうか。

チベットとの関係では、これまで多くの人のお世話になっている。中でもチベット文化研究所は私とチベットを結びつけるものであり、ペマ・ギャルポ所長、関根房子さんには長い間お世話になっている。又、建築関連のチベット語語彙の日本語表記に関してはリンジン・野口女史にアドバイスをいただいた。それに、今回の出版のきっかけを作っていただいた建築家の鈴木喜一氏（アユミギャラリー）、なじみの少ないチベット本の出版を引き受けていただいた東京堂出版の小林英太郎氏、又、渡辺悟氏には面倒な実際作業の労をおかけした。その他、チベット旅行を一緒にした多くの友人、現地で接した多くの皆さんにも感謝したい。そして、よき理解者である妻の孝子にもお礼を言いたい。なお、本書ではチベット建築の概略を少し専門的であるが書いた。我が国ではまだチベット建築の文献がほとんどない状況であり、本書がきっかけで、若い人たちが今後この方面の研究を始める参考になるならば幸いである。

二〇〇五年八月　亀戸にて　大岩昭之

＜著者略歴＞
大岩　昭之（おおいわ・てるゆき）
1942年、三重県生まれ。
1970年、東京理科大学大学院修士課程修了。東京理科大学助手。
1982年よりチベット文化圏の取材20数回。「チベット建築」写真展（個展）6回開催。
著書：CD-ROM「チベット建築～知られざる建築を訪ねて～」（バスプラスワン）

チベット寺院・建築巡礼

2005年9月20日　　初版印刷
2005年9月30日　　初版発行

著　者――大岩昭之
発行者――今泉弘勝
印刷所――株式会社　廣済堂
製本所――株式会社　廣済堂

発行所――株式会社　東京堂出版
〒101－0051　東京都千代田区神田神保町1－17
電話　東京03－3233－3741　振替00130－7－270

ISBN4－490－20549－X C1052

Ptinted in Japan